심상옥 陶藝에세이

공간에 색깔 입히기

공간에 색깔 입히기

심상옥 陶藝에세이

1판 1쇄 인쇄/ 2012년 9월 20일
1판 1쇄 발행/ 2012년 9월 25일

지은이 / 심 상 옥
펴낸이 / 우 희 정
펴낸곳 / 도서출판 소소리

등록 / 제300-2007-21호
주소 110-521 서울 종로구 명륜동 1가 33-90
경주이씨 중앙회빌딩 302-1호
전화 / 765-5663, 766-5663(Fax)
e-mail: sosori39@hanmail.net
www.sosori.net

값 12,000원

*잘못된 책은 바꿔드립니다.

ISBN 978-89-97294-18-3 03810

공간에 색깔 입히기

심상옥 陶藝에세이

책을 내면서

1982년의 『그리고 만남』을 엮은 이후, 나의 도예인생을 정리해 본 것들로 일곱 번째 수필집이자, 세 번째 도예에세이이다. 여기에 묶인 글들은 1975년 11월 부산로터리화랑에서 제1회 심상옥도예전을 시작으로, 이후 17회 개인전과 30회 이상의 그룹전에 걸쳐 있는 글들이다. 문단에 입문한 지 벌써 30년이란 세월 속에서 도예와 함께해 온 시간들을 떠올려보며 다병(茶甁)이란 테마로 도예에세이를 엮었다.

다화(茶花)는 차를 마시면서 꽃을 바라보는 것인데, 꽃 한 송이에 마음을 쏟는 모습에 의미를 붙인다. 생활환경이 달라진 오늘의 시점에서, 현대감각에 바탕을 둔 다병을 연구하고 싶었다. 문화의 특수성과 보편성을 함께 찾는 예술을 지향하기 위해, 잊히기 쉬운 고유미를 재발견함과 동시에 다병의 아름다움도 찾고 싶었다.

다병은 흙을 소재로 하여 공간을 구성하고 연출하는 예술이다. 더욱이 조형도예는 볼륨이라는 공간과 융합되는 것이다. 나에게 있어서 다병은 고정개념을 지닌다. 그것은 평면적인 것이다. 그 평면성에 변화를 주는 끝없는 작업이 기다리고 있다.

2012년 여름 서초동에서

심 상 옥

1. 가마 속에서 들끓는 설렘

2. 움직이는 그릇 굽기

3. 시간이 흐르는 짜임새로

4. 심상옥의 작품세계

1.

가마 속에서 들끓는 설렘

공간 결합

나는 작품의 소재를 되도록 옛것에서 선택하고 또한 강렬한 색채를 즐겨 다룬다. 이런 취지는 전통도자기에다 현대적인 감각을 공간결합 시켜보자는 실험직 산물이라 할 수 있다. 자연적인 원색감각과 대상의 클로즈업, 여기에 평면에 조화시키고 도자기의 겉을 모두 색유로 메움으로써 순수한 미감을 자극하는데 힘을 쏟고 있다. 도예는 흙을 소재로 공간결합하고 연출하는 예술이다.

1989년 나는 8명의 문인과 함께 불가리아 수도인 소피아에 도착했다. 유럽의 동남쪽에 있는 공항은 크지도 않고 건물 역시 조그마했다. 공항직원들의 날카로운 눈초리는 나에게 공포심을 주었다. 버스로 30분 정도 거리에 있는 로디나호텔에 닿아 여장을 풀었다. 이곳의 인구는 약 1백 만 정도로 조그만 도시이다. 호텔 출입구에는 경찰과 정보원이 서 있어 출입증을 보여줘야만 들어갈 수 있었다. 아침식사는 딱딱한 빵과 버터, 치즈와 커피 뿐이었다. 식사 후에는 제한된 지역만이 공개되었고 그나마 안내원의 지시에 따라야만 했다.

거리에는 슬라브풍과 유럽풍의 건축양식이 조화를 이룬 곳에 레닌과 문학가, 과학자들의 동상이 곳곳에 세워져 있다. 하늘을 뚫고 올라간 공산당본부 타워는 1945년에 지은 건물로 시계탑 꼭대기에 붉은 별이 치솟아 위압감을 주었다. 소피아 궁정의 고딕으로 된 뾰족한 금탑은 아침 햇살에 빛나고 있다. 송곳같이 솟은 고딕식 양파모양의 탑과 색색의 모자이크지붕이 아름다웠다. 로마네스크와 르네상스식을 혼합시킨 고딕식 건물이다

우리는 버스로 40분 거리인 박물관에 갔다. 이곳은 높지 않은 야트막한 언덕으로 안내원이 소피아의 역사를 전해준다. 곳곳에는 이슬람미술과 15세기경의 기독교미술, 도자기박물관을 볼 수 있다. 이 도자기박물관에서는 오스만시대의 터키 도기와 타일의 생산지로서 알려져 있는 동리를 한눈에 볼 수 있었다. 작은방처럼 되어있는 곳에 유약을 발라 소성된 완제품과 셀쥬크의 타일

반짝이는 윤기와 화려한 추상적
색채가 이국적인 분위기를 풍기고
-공간 결합

까지 진열되어 있어, 이들의 조상들이 얼마나 화려했었던가를 짐작할 수 있었다.

9세기, 이슬람교를 믿는 아라비아인이 제국을 성립한 후에 이슬람 도기를 만들었다. 초기에는 중국의 당삼채와 닮은, 흰 바탕에 초록과 황갈색유약을 흐르게 한 위에 라스트안료로 도안을 그린 채색도기였다. 흰 바탕에 다채로운 채화도기의 기형은 접시와 식기류가 많았다. 12세기, 이슬람 도기에 커다란 변화가 일어났다. 다채로운 도기 대신 남색유약과 흰 유약인 단색도기가 유행하기 시작했다. 여기에 중국자기의 영향을 받았다.

그때 중국에서는 질이 좋은 청자와 청화백자를 막대한 수량으로 해외에 수출하였다. 거리가 멀고 가까움에 관계없이 수입한 나라들은 질이 좋은 중국도자에 매료되어, 복제하는데 힘을 쏟았다. 이슬람 도기도 이 중국자기에 매료되어 도예의 전통적인 장식을 새롭게 만들기 시작했다. 페르시아지방에서 발달한 미나이 도기와 라스트 채색도기, 남청 채색도기들이 태어난 것이다. 14세기까지 이슬람 도기는 이집트와 시리아, 페르시아에 이르기까지 공통적인 요소가 많았다. 화려한 흰 유약에 다채로운 채화도기들이다. 주석에 입힌 흰 유약 위에 채화(彩畵)하는 이슬람 도기의 기법도 남이탈리아에 전해졌다. 짙은 노란색과 황갈색을 감미해서 탄생한 화려한 채색도기를 이탈리아의 마죠리카 도기라고 말하고 있다. 이 도기의 그림도안은 새와 꽃무늬, 인물상과 문장(紋章)으로 인문주의를 부르짖었던 것이 도기에 나타나고 있었다.

1979년에 내가 부산에서 이화요장을 가지고 있을 때, 서양화가 전혁림(全爀林)씨와 인연을 가졌다. 그는 1916년 충무 출생으로 통영수전을 졸업하고 일본의 가바시마와 도오고세이지씨에게 사사를 받았다.

그는 우리나라에서 처음으로 채도(彩陶)전을 열었는데 도기에 일일이 손으로 채색하여 두 번씩 구워내는 작품이었다. 이 채색도기는 반짝이는 윤기와 추상적 색채가 이국적인 분위기를 풍기고 있다. 그는 작품을 만들면서 색채개발에 노력했으며 화병과 쟁반, 그 외 그릇에도 다양한 형태를 시도했다. 그분이 내 요장에 찾아온 이유는 생활그릇을 만들고 싶어서라 했다. 그 후 내 요징에서 만든 도자기는 모두 자기섬토이며, 소성온도가 1,310도인 채색자기로 만들었다. 나는 그분의 그림과 채색자기가 마음에 들어 몇 점을 아직도 소장하고 있다. 몇 해 전에 돌아가신 그분의 고향인 통영에 있는 전혁림미술관을 아들이 관리하고 있다고 한다.

화력(火力)으로 한 개체가 유약에 의해 발색되는 현상에서 모든 생명들이 지니는 공간결합과 자연의 에너지를 볼 수 있다.

그래서 형태를 이루는 원초적인 힘은 생에 맥을 준다. 그 생동하는 상태는 공간결합에 있는 선과 뭉쳐진 볼륨으로 예기치 않은 형태로 나타난다.

공간결합은 유약으로 그린 그림이 일련의 흐름과 일정한 움직임의 양과 속도에 따라 만든 다병이었다. 하나의 선이 빠르고 느린 굴곡들과 가로 세로로 겹치고 얽힌 선들이다. 질서 속에 구불구불 이어진 윤곽들이 회화와 스케치 그리고 조각의 통합체가 된다.

대화의 나눔

인간이 처한 오늘의 환경을 보면 날이 갈수록 삭막해져 간다고 하지만, 이것은 사람들이 자연적인 것을 두지 않고 매사에 인공을 기한데서 오지 않은 것이 없다. 사람도 살을 붙이고 뼈를 깎고 해서 용모를 꾸미는 시대가 되었지만, 몸에서 풍기는 대화의 나눔이 이과수폭포의 아름다움이라 말한다.

이과수폭포는 웅장한 밀림지대를 접하면서 브라질과 아르헨티나와 파라과이 쪽으로 갈 수 있어, 세 나라 국경을 접할 수 있는 곳이다. 우리 일행은 아르헨티나 국경지대를 건너서 브라질 쪽에 있는 이과수폭포로 향했다. 우거진 정글이 둘러싼 무성한 숲, 맑게 빛나는 수평선에 하늘과 푸른 녹음이 이루어내는 하모니에 도취되었다. 거기에 2천 여 종의 나비들이 함께 어우러져서 한층 풍광이 아름답다.

우리는 호텔에 여장을 풀고, 바로 보이는 황갈색 폭포가 있는 곳으로 갔다. 1킬로 정도 떨어진 곳에서도 폭포 폭을 짐작할 수 없을 정도로 광대한데, 과연 황갈색 폭포가 떨어지고 있다. 웅장한 바위와 열대어, 야자수 모두가 자연과 조화를 이루고 있는 정경은 동양화의 산수화풍으로 구성되어 있는 듯하여 참으로 신비로웠다.

보기만 해도 눈이 부시는 아름다운 자연은 온통 황갈색 폭포물로 물들여져, 나는 사랑하는 사람을 두고 떠나온 것처럼 바라보는 마음에 아쉬움을 느꼈다. 나는 폭포 정상으로 올랐다. 비옷을 입고 나무다리를 건너 정점에 닿는 곳은 주변이 안개로 자욱하였다.

다음은 아르헨티나 쪽으로 보이는 이과수폭포로 향했다. 브라질쪽에서 본 폭포처럼 역시 걸작품이다. 우주공간에서 이 폭포만큼 색채나 조형면에서 완전함을 이룬 곳은 더 찾아볼 수가 없을 것 같다. 변화를 시도하는 것이 창작의 출발점이라고 보면, 이 폭포는 자연계가 꾸며낸 창조물이다. 웅장한 폭포의 흐르는 선이 떨어지는 상태를 보는 순간 자연에 대한 두려움이 밀려온다.

인간은 누구나가 아름다움을 동경하는 경향이 있다. 극단적인 경우에는 추한 존재까지도…

—대화의 나눔

이것이 분명히 예술이다. 예술을 더 구체적으로 말해본다면 인식의 주체 곧 인간이 외계의 형태나 이미지를 변형 또는 파괴하는데 그치지 않고, 자신의 심상으로 걸러내어 새로운 개성을 형성하는 것이라고 볼 수 있다. 그것이 보편성을 추출해냄으로써 어떤 공간에 구체화 시키는 작업이라고 할 수 있다.

이러한 작업에는 정돈 된 개념을 나타내는 형태와 통일된 이미지를 생산하는 조화미가 따라야 한다. 나는 이과수폭포를 보면서 그런 생각에 잠겼다. 인간은 누구나가 아름다움을 동경하는 경향이 있다. 극단적인 경우에는 추한 존재까지도 자신의 감정과 사상에 영합하여 미화시키려고 한다. 자신이 처해 있는 시간과 상황에 따라, 의식의 방법이 달라지는 것이다.

폭포 정상을 좀 더 가깝게 오르는 길목에는 굵직한 나뭇가지들이 하늘로 뻗어나가 장관을 이룬다. 가지 중에는 열대어가 헤엄을 치는 것처럼 보인다. 어떤 것은 아주 낮게 땅위를 기어가는 것 같다. 아득한 하늘과 하늘을 찌를 듯 뻗어 무한한 환상의 세계로 말려들었다. 여행이라는 생각마저 까마득히 잊어버린 것 같았고, 어떤 마술에 의해 먼 옛날의 세계로 떨어진 느낌이었다. 폭포는 누렇다 못해 미풍에 출렁이는 물결이 되어 아름답다. 지금도 중턱에서 쏟아지던 폭포의 정경을 잊을 수가 없다.

속이 빈 자에게 재물이 쌓이면 마음이 뒤집히기가 일쑤인데,

체면과 염치도 없이 사회와 나라꼴이 어떻게 되던 탐욕에 정신을 파는 것이 그러하다. 재물을 가진 자가 갖은 짓 다하다가 새롭게 들어서는 길이 정치마당이다. 정치는 권세가 따르는 것이어서 예부터 통하지 않는 바가 없고, 못하는 짓이 없다하여 나는 새도 떨어뜨린다 하였다. 그리하여 권세가 십년을 못간다 하지만, 무상한 권력이 바로 천심(天心)이라 한다. 나는 그런 일을 대화의 나눔같이 보며 겪었다.

상상 속의 과정

우리 도자기는 생활의 실익에 앞서, 그 질감이 정신생활에 윤택함을 보여주는 문화의 값진 요소가 있다. 이러한 것을 무기적인 소재로써 이룩할 수 있는 작품을 시도하고자 하였다. 거기에는 심미안과 창조적인 자기 세계가 요구된다. 흙이 가지고 있는 가능성과 그 잠재력인 세계에 순수한 마음이 가 닿을 때 비로소 새로운 형태의 조형물이 탄생한다.

원시인의 의식은 생명을 부지해 나감에 있어서, 그 존재를 뚜렷이 알 수 없는 조물주의 테두리에서 벗어나지 못한다. 그렇기에 조물주의 뜻을 거역해서는 어느 순간에도 생존할 수 없을 것

흙이 가지고 있는 가능성과 그 잠재력인 세계에 순수한 마음이 가닿을 때 비로소 새로운 형태의 조형물이 탄생한다. —상상 속의 과정

이라는 두려움과 죽은 이의 영혼까지도 조물주에게 의탁해야만 되는 모든 행위에 종교의식과 관계를 맺는다. 따라서 정령숭배와 죽은 이에 대한 예배와 같은 의식으로 나타나게 된다.

북경 서북쪽 교외에 있는 향산(香山)공원에는『홍루몽』작가 조설근(曹雪芹)기념관이 있다. 작가가 이곳에서 대하소설『홍루몽』을 집필한 것이다. 나는 이 기념관에서『홍루몽』을 되새기게 되었다. 조설근은 석두기(石頭記)를 백화체(白話體)인 장회소설(章回小說)을 만들었다.

작가 조설근의 기념관에는 초가집에 쑥대로 얽은 창문이 보이고 노끈으로 얽은 침상에 질그릇 솥을 사용한 조그마한 방이 있다.『홍루몽』은 청대 여인들의 번민을 세상에 알려서, 사람들을 깨우치려는 의도로 만든 소설이었다고 한다. 조설근은 도홍헌(悼紅軒)에서 석두기를 쓰면서 목록을 작성하고 장회로 나누고 책 이름을『금릉십이채(金陵十二釵)』라 하였다. 그리고 절구 한 수를 제사(題詞)로 써서 석두기의 유래를 만들었다.

어느 날 조설근이 초가집에서 낮잠을 자고 있었는데, 꿈에서 스님을 만나 '통령보옥(通靈寶玉)'이라는 글자가 새겨진 구슬을 받는다. 작가가 구슬을 보자마자 스님은 그 구슬을 빼앗아 어디론가 가버렸다. 그 후 그는 통령의 말을 빌어 석두기를 썼는데, 청대의 여인들이 행동과 식견이 나옴을 깨닫는다. 이 깨우침을

저술하여 세상에 내놓으려 한 것이 『홍루몽』이다. 이 책은 세계의 고전이 된 사랑의 대서사시로서 청시대의 5대에 걸친 중국 전통귀족 가문의 융성과 몰락, 사랑과 이별 그리고 간교한 술수와 죽음이 전개되는 소설이다. 인간의 격변하는 시류를 정치와 사회, 경제와 문화적인 면으로 그려낸 이 홍루몽은 시공(時空)을 초월하여 중국인의 생활 지표가 되어 후세에 남겼다.

나는 중국 고전문학의 대표작인 『홍루몽』의 무대를 그대로 재현한 대관원(大觀園)으로 안내를 받았다. 이 소설에 나오는 무대를 재현하기 위해 봉건시대 중국대륙의 모습과 정신세계를 표현하여 만든 것이 대관원이다. 이것은 세상사의 선과 악을 깨우치게 하는 지혜를 찾게 하는데 있다고 본다.

도예작품이 우주적인 영혼을 추구한 것이라면 나는 이러한 것에 역점을 두어 만든다. 상상 속의 제작과정이 볼륨이 있고, 한두 가지의 검은 계통을 빼고 나면 나머지 색채들은 모두가 화려하다. 내가 도예를 시작한 것은 전통도예가 지닌 아름다움 때문이 아니라 그릇의 모양새에 이끌려서였다. 잠재적인 조형미를 흙에서 불러일으키고 그러한 것을 토대로 하여 흙을 만지곤 하였다.

도자기를 만들기 시작할 때는 처음에 데생했던 이미지가 그대로 형태가 된다고 볼 수 없다. 형태를 만들어 가는 과정에서 흙으로부터 속삭임을 듣게 되고, 여기에 자신의 생각과 부딪치는 두 개의 작용이 있어 예기치 못한 것이 만들어지기도 한다. 만드는 과정에서도 순간적으로 변화되며 이런 과정에서 고뇌와 기쁨이 함께 따른다.

이와 같은 과정에서 언제나 새로운 발견이 나오게 된다. 그 발견은 나의 경우에 디자인에서부터 시작이 된다. 조형도예에 있어서 돌출부분은 이것이 사람의 마음을 움직이게 하는 힘이 된다. 그런데 이것은 자신도 예측할 수 없는 일이어서 스스로 매력을 느끼지 않을 수 없다.

따뜻한 오후 한나절

중국 산동성 쯔보우시에서 열린 중국 쯔보우 도자예술제에 초청작가로 작품을 낸 일이 있다. 지방마다 특색의 도자기가 만들어져 왔다. 산동성은 유약 중심의 것으로서 송과 청시대로 와서 청자가 발달한 것으로 유명하다. 이곳의 도자예술제는 중국의 도자전통으로 도자산업을 활성화시킨 곳이다. 내가 출품한 작품은 율 시리즈의 도예 4점인데, 그중 2점이 다병으로써 출품한 '따뜻한 오후 한나절'이다.

이 다병은 도자에 회화성을 도입하고자 했다. 조선조에 나타난 문인화처럼 분방한 기풍을 받아들이면서 선과 덩어리, 색채에 주력했다. 이 다병에도 그림 속에 문인화가 뒤섞인 것처럼 창작을 해 간다. 나의 그림은 상상의 도안이고 어떤 형상을 대상으로 삼아 새로운 것으로 변형시켜도 본다. 그리고 그림을 바탕으로 삼아 마음껏 흙으로 빚어낸다.

쯔보우 시가지에서 떨어져 있는 박산(博山)동굴은 산동성의 중간에 있으며, 신흥 관광지로서 각광을 받는 곳이다. 채육정산이 웅장한 모습으로 솟아 있다. 하늘을 찌를 듯 뻗어 오른 절벽에는 4개의 방이 용암형태의 괴석들로 차 있었다. 오랜 세월에 걸쳐 깎이고 다듬어진 동굴의 깊이는 1천 5백 미터이다. 구조는 굴곡으로 이룬 점이 자연의 오묘함을 느낄 수 있다.

각방의 크기는 사람이 겨우 들어설 수 있는 좁은 면적과 폭이 20미터나 되는 넓은 곳도 있다. 높이는 50미터가량 되기도 한다. 가장 낮은 곳을 기어들어가 보니 종유석과 석순, 석주가 뒤엉켜서 수많은 형상을 이루고 있다. 이 형상들은 우주의 섭리를 느끼게 하는 석심(石心)으로 보는 사람을 매료시킨다. 동굴 내에는 4개의 방이 있는데 방마다 3백 명이 들어갈 수 있으며, 동굴을 다 보려면 3시간이나 걸린다.

첫 번째 방은 천장에서부터 길게 내리뻗은 종유석이 매달린 수십 개의 형상들이 굵고 가늘며 짧고 긴 것들이 마치 수도하는 스님과도 같은 모습들이다. 용이 꿈틀거리며 승천하는 형상이

자연이나 인간들로부터 잊혀지고
버림받고 내던져진 것들이 무한
의 풍요로움을 지닌 이 조형적 작품
에서
—따뜻한 오후 한나절

옥으로 만든 비취처럼 절묘하게 보인다. 이곳을 지나니 수십 명의 신선들이 걸어가는 모습들도 보이고, 18명의 스님이 합장하고 있는 듯이 땅 위로 솟아오른 석주들이다. 꼬불꼬불한 통로를 지나 5백 미터쯤 가니 두 번째 방이 나온다.

이 방의 종유석이 폭포에서 물이 떨어지고 있는 것처럼 보인 곳은 성인정각(成人亭閣)이라고 한다. 6개의 석순이 솟아 있고, 정각의 기둥처럼 석순이 받치고 있다. 여기를 지나면 세 번째 방이 나온다. 높이 20미터와 넓이 2백 미터로 된 동굴 벽에는 산이 있고 물이 흐르며 울창한 나무와 구름이 흐르는 경관이 펼쳐지듯이 영적인 신비가 그윽하다. 그 옆에는 높이 150센티와 30미터의 석순이 노인의 자태를 닮아 있다. 깊고 짙은 눈썹과 반짝이는 눈빛은 중국 고전에 나오는 백발노인과 흡사하다.

네 번째 방으로 갔다. 온갖 형상들이 수십 개의 조각처럼 옥색의 빛으로 찬란하게 늘어서 있다. 하늘에서 떨어져 내려오는 폭포와 같은 형태로 뻗어있는 모습이 마치 시인 이백(李白)이 폭포의 시를 읊은 것과 같은 경치라고 한다. 여러 색상으로 빛나는 석순이 나무처럼 서 있는 모습에서 때 아닌 봄의 정취를 느낄 수 있었다. 천장에서 떨어지는 물방울 소리가 한편의 시처럼 부드럽게 들려온다. 물속에는 꽃이 피어 있고, 웅덩이 밖에는 계란크기만한 석화(石花)들이 연꽃봉오리를 터뜨리기 직전의 모습을 하고 있다.

박산동굴 속에 있는 종유석들이 여러 모양의 형상으로 만들어져 있는 모습을 지하 예술궁전이라 부르기도 한다. 이러한 형상들의 묘사는 회화와 같은 조각으로 표현되기도 한다. 신비스러운 표시로 된 상징들은 원시시대부터 형성돼 왔고 오늘에 이르기까지 남아있다. 이러한 종유석들은 사실성이 강한 것들로서 내면의식을 짙게 풍기고 있다.

나의 작품제작은 시간과 공간에 있어서 부정의 대상이 되기도 한다. 그것이 부정됨으로써 소멸되고 마는 것이 아니라, 실재성을 인정하기 위한 작업이 되는 것이다. 자연이나 인간들로부터 잊혀지고 버림받고 내던져진 것들이 무한의 풍요로움을 지닌 이 조형적인 작품에서 나를 찾아내는 것이다. 우선 눈을 돌리는 것은 심미적인 사물이 아니다. 모양의 아름다움이나 특이성의 배려도 아니다. 나를 사로잡는 것은 오브제가 지닌 에너지의 방출이며 잠재적인 힘이다.

어떤 종류의 자연적인 형태는 나에게 내면세계의 실재성을 속삭일 뿐 아니라, 거기에 들어 있는 풍요로운 정감의 힘이 나를 이끈다.

시간을 담은 흙

나는 인체를 모티브 삼아 조립과 변형을 시도하는 쪽으로 디자인을 추구하는 경우가 있다. 선이 원에서 출발하며, 그릇과 같은 원형으로 형상을 잡아 나간다. 어떠한 것이든 형태가 있지만, 그러한 형태에는 이름을 붙일 수 없는 비정형의 경우가 있다.

나의 그림은 대체로 정방형과 직사각형, 점이나 선으로 이루어진다. 이때의 정방형이나 직사각형이라는 것은 일상생활에서 쓰이는 개념은 아니다. 그러나 그것은 하나의 이름을 가진 형태라고 말할 수 있다. 흔히 그러한 경향의 그림들을 추상이라고 한다. 거기에는 형태가 이루어지기 이전의 어떤 과도기적인 상

나의 그림은 대체로 정방형과 직
사각형, 점이나 선으로 이루어진
다. …일상에서 쓰이는 개념은 아
니다. — 시간을 담은 흙

태로 헝클어진 모양이다.

예술가는 현실과 상상, 나아가서 이승과 저승에 위치하며, 이 두 실체를 연결시켜 준다. 인체의 부분에는 생명의 리듬이 숨쉰다. 한 쌍이 이루는 삶의 결합처럼 구멍이 뚫리고 벌어진 형태이다. 평면에서 공간으로 현실과 추상적 세계의 경계선을 넘나든다. 인체를 바라보는 공간적인 조형문제, 구멍이 뚫린 조형과의 통합이 남아 있게 된다.

주나라 때부터 수도 서안(西安)은 3천 년의 역사를 지니고 있다. 서안은 진시황릉이 있는 곳이다. 이곳에는 등신대 병마도용(兵馬陶俑) 6천 체가 지하에 있어서 그 규모가 대단히 놀라웠다. 이 병마도용은 황제의 사후를 지키기 위해 흙속에 감추어진 군단인데, 표정 하나하나가 다르게 만들어져 있다.

서안의 시가지에서 30분 정도 차를 타고 가면 협서성 임동현(俠西省 臨潼縣)에 있는 진시황릉에 이른다. 이 진시황릉의 크기가 높이 55미터에 남북 515미터, 동서 485미터로 서울 여의도보다 큰 봉분이다. 내성과 외성으로 둘러싸인 능원(陵園)까지 치면 여의도의 10배보다 약간 작다. 지금은 능이라기보다는 야산처럼 보인다. 주변에는 능을 둘러싼 토우군이 있다. 2천년 동안 흙에 묻혀 있다가 다시 살아난 이 인마(人馬)의 무리는 중국의 유구한 역사를 느끼게 한다. 이 토우군을 포함하여 땅 속에도 장대한 궁전이 만들어져 있다고 한다.

기원전 221년 진(秦)나라 시황제가 천하를 통일하여 진제국이 등장하였다. 기원전 771~221년 춘추전국시대에 이러한 진제국은 로마제국의 등장보다도 2백년이나 앞서는 세계 역사상 최초의 제국이었다.

능은 입구에서 비루까지 계단으로 만들어져 봉분과 이어져 있다. 사방 1킬로미터 정도의 성벽으로 싸여 있으며, 꼭대기는 평평하게 포석이 깔려 있다. 이곳을 찾은 나 자신도 능의 규모에 놀랐지만 관광객들이 이 장엄한 능을 보기 위해 끊이지 않는다.

기원전 259년 조(趙)나라의 수도 감단(邯鄲)에서 여불위(呂不韋)라는 사람이 무역상을 하고 있었다. 그는 제(濟), 초(楚), 연(燕), 조(趙), 한(韓), 위(魏), 진(秦) 7국이 서로 충돌할 때마다 부(富)를 쌓아 나갔다. 그리하여 그는 나라마다 호화로운 저택과 수십 명의 주재원을 두있는데, 이 사나이는 한 여자를 두 번 상대하지 않았으나 조비만은 그렇지가 않았다.

어느 날 소양왕(昭襄王)의 손자 자초(子楚)를 만나 자신의 전 재산 중에서 반을 주고, 나머지 반은 자초를 왕을 만드는데 쓰겠다고 하였다. 그 대신 왕이 되면 진나라 영토의 반을 받는 조건으로 협상을 하였다. 여불위가 자초를 황제감으로 생각했던 것은 안국군의 정부인 화양부인(華陽夫人)에게 자식이 없는 것을 알고 있었기 때문이다. 그리하여 여불위는 진나라로 가서 화양 부인에게 선물공세를 하여, 자초가 아들임을 믿을 수 있도록 수단방법을 가리지 않았다. 안국군으로부터 자초의 후견인 임명까지 받고 조나라로 돌아왔다.

자초는 연회석에서 여불위 부인 조비를 보자 매혹되어 자기 부인으로 만들겠다고 말하자마자 여불위는 서슴없이 조비를 주기로 약속하였다. 이미 조비는 임신하였음을 알고, 장차 세상을 한 손에 넣을 수 있다는 책략을 꾸미며 기뻐하였다. 때마침 태어난 아이가 뒷날에 6국을 멸하고 천하를 통일한 진나라 시황제이다.

이렇게 해서 진시황의 역사는 오늘에 전하지만, 그는 중국사에 등장하는 인물 중에서 2대 악업을 만든 폭군이다. 하나는 만리장성을 쌓아 많은 백성에게 가혹한 노역을 시켰고, 하나는 언론 통제를 해서 서적을 태워 오늘까지 전해 내려오는 '분서갱유(焚書坑儒)'라는 말을 남겨 놓았다. 나는 진시황릉에서 조비의 한평생과 진시황의 출생에 관한 파란만장한 사적생활을 되새겨 보았다.

나의 도예작업은 모체로서 원초적 상태를 추구하는 움직임이다. 거기에는 물리적인 여러 상황이 전개된다. 자연의 모든 생명체는 스스로를 지니며 살아가는 생명력을 볼 수 있다. 자연에 대한 믿음과 사랑으로 뿌리가 내릴 수 있는 가능성을 얻고자 한다. 이것은 원초적인 생명이 자연에서 기원되고 있음이다. 서구적 자연관이나 조형을 떠나 동양의 직관적 정신세계에서 느낄 수 있는 무한한 공간에 접근한다. 공간의 우주와 자연은 인체를 낳게 하고 거기에 생명력과 질서를 유지시킨다.

나눔의 시간들

러시아는 모스코바강변에 그림자가 드리워져 아름답다. 주변에는 키 큰 자작나무들로 숲길을 만든 가로수와 모스코바강이 흐르고, 그 일대가 매우 아름답다. 나는 지금 강에서 나눔의 시간들을 가지지만 이 강은 갖가지 분위기를 자아낸다. 강에 비친 그림자들의 일화가 많은데 거기에 분홍빛과 하늘빛, 황토색 빛깔로 싸여 있다. 강은 거대하고 끝이 없으며 하늘처럼 넓어 보인다.

1990년 9월, 제12회 신구상 그랑빠레전에 조형도예 4점인 '나눔의 시간들'로 출품한 것이 파리에서 개최되었다. 레린그라

나눔의 시간들이 지닌 도예는 흙을
소재로 작품 공간을 구성하고 연출하
는 예술이다. —나눔의 시간들

드. 모스크바 순례전이기도 했다. 강을 따라 울창하게 우거진 나무들 사이로, 크레믈린 궁전과 푸슈킨 동상이 보인다. 시내를 벗어나 강줄기를 따라 내려가니 바로 바로크식 건축물들이 양측으로 펼쳐진다. 마치 차이코프스키의 「비창」이 꿈속의 모스크바로 가고 있는 것 같다.

크레믈린 궁을 중심으로 다섯 개의 원형도로가 동서남북으로 뻗어 10개가 된다. 기슭에는 공원과 가로수, 상가들이 즐비하다. 이 궁은 성곽으로 둘러싸여 황금빛으로 양파모양의 둥근 지붕으로 이루어져 있다. 뾰족탑과 십자가를 달아놓은 별이 루비로 만들어졌다는데, 하늘로 치솟은 그 모양이 더없이 아름답다. 이것은 이반 3세 때 이탈리아식으로 만들었다고 한다. 14개의 승강구와 계단으로 각층을 연결시키고 있는데, 지금은 세계무역회의와 국제회의, 오페라무대로 사용되고 있다.

이 궁은 14C~17C에 러시아인과 외국인의 건축가들에 의해 건립된 황족의 거주지이며 종교적 중심지였다. 맞은편에는 12사도 교회와 추기경 궁이 있다. 이 건물은 1635~1656년에 세웠으며, 둥근 지붕 다섯 개가 황금빛으로 눈이 부실 정도로 빛난다. 지금은 박물관이며, 그 당시 종교예술의 극치로 보인다.

푸슈킨박물관에 있는 푸슈킨(1799~1837)의 회화는 비낀 시선으로 약간 먼 곳을 응시하는 표정에서 시인이 지닌 남다른 사유의 정신과 깊은 통찰력이 느껴진다. 동경어린 눈빛은 푸슈킨의 특징과 이 그림을 그린 화가의 낭만주의적 기질을 볼 수 있다. 그리고 러시아 현실을 생생히 묘사하고 자유의 가치에 깊이 감동한 두 사람의 열정이 그림을 통해 아름답게 엮어서 낭만주의의 감흥이 짙게 깔려있다. 우리에게 널리 알려진 시 '삶이 그대를 속일지라도'가 떠오른다.

러시아는 지리적으로 가까운 편에 있지만 아주 먼 나라라는 느낌이 든다. 우리의 근현대사에 깊은 관계를 가지면서, 문학과 음악, 혁명의 나라로 여겨지고 있다. 1917년에 일어난 10월 혁명은 20세기 역사의 향배를 결정지었다. 푸슈킨에서부터 표트르 도스토예프스키와 레프 톨스토이를 거쳐 막심 고리키에 이르기까지 우리에게도 친숙하게 여겨졌다. 그러나 민중과 함께한 러시아 화가들은 우리에게 거의 알려져 있지 않다.

푸슈킨박물관은 레오나르도 다빈치와 앙리 마티스에 이르기까지 서구 미술사에서 알려진 화가들의 작품들이 상당수 소장되어 있다. 여기에 있는 회화는 문학적 특성이 강하다. 그림의 형식에 못지않게 내용을 중요하게 다루고 있다. 거기에는 주체의식이 뚜렷하고 내용이 화면 전체로 가로지른다.

크레믈린 궁의 성조지홀은 전 벽면이 프레스코 기법으로 만든 벽화였다. 회반죽으로 미리 벽에 초벌칠을 하고 그 위에 채색한 그림들이다. 이런 벽화는 14세기부터 16세기까지 르네상스의 고전적인 기법들로 만든 작품이었다. 내용은 비잔틴의 서구문명과 접할 수 있었고 신학과 예술에 나타난 기독교적 세계관을 동슬라브의 자연과 조화롭게 결합하여 예술적 완성도가 절정에 달함을 보여주고 있다. 정신문화의 영역에서도 침묵과 관조의 신학을 동슬라브인들의 일상생활과 결합시켰다.

이곳은 러시아 특유의 색깔로 만든 자기와 장신구들도 진열되어 있었다. 디럭스 테이블에 사용한 식기류와 그 당시의 왕과 귀족들이 좋아하는 숫자와 문장들을 새긴 것까지 보였다. 이런 그릇들은 로모노소프 포슬린인 본차이나들이다. 1744년 러시아의 수도 상트페레르부르크에서, 러시아 엘리자베스 황후에 의해 설립되었다. 이 요장은 황실에 사용되는 것만 만들어 나온 제품들이며, 황실소유의 도자기 회사였다.

1917년 이후부터 러시아 포슬린 특유의 자기 제조기법을 개발한 것에 과학자 로모노소프의 이름을 따라 로모노소프 포슬린 회사로 불리면서, 러시아 황실도자기의 역사를 이어가고 있다. 여기에 나온 도자기들은 빛의 아름다움으로 불리게 된 화이트골드(white gold)였다. 우랄지방의 입자가 섬세하고 하얀 빛깔의 점토와 수정, 칼슘에다 로모노소프에 의해 개발된 자기들이다. 러시아의 독특한 비법과 예술정신, 장인정신에 의해 탄생된 로모노소프 본차이나이다. 견고하면서 얇게 만드는 제조법의 신비로운 아름다움이 러시아 본차이나라고 한다. 거기에 로모노소프만의 가공기술에 의해서, 맑으면서 투명함과 섬세함이 어우러져 세계 최고의 품질로 인정받았다고 한다.

나눔의 시간들이 지닌 도예는 흙을 소재로 작품공간을 구성하고 연출하는 예술이다. 그래서 형태와 공간, 색의 구별, 거리감을 나타내기 위해서 선묘가 아니라 평면 속에서 이미지를 드러낸다. 그런데 선묘가 사라지면 색 조화에 반응을 보이게 된다. 고정개념과 특정 공간을 도자기라고 할지라도 평면에 지나지 않고 변화를 주는 끝없는 작업이 나를 기다리고 있다.

하루의 즐거운 휴식

어느 4월에 강서성 이싱(宜興)시에서 열린 중국 이싱도자예술제에 화기(花器)시리즈 4점 가운데, '하루의 즐거운 휴식' 다병도 출품하였다. 이 다병은 우주적인 영혼을 추구한 모습으로 만든 것이다. 여기에는 잠재적인 조형미를 흙에서 불러일으키고 있는 형태에서 볼륨이 있고 색채들이 모두가 화려하다.

강서성에는 신기하게 생긴 동굴이 많다. 그중에서도 선권동(善券洞)은 경치가 화려한 것으로 알려진 동굴이다. 양자강 태호(太湖) 서안에 자리 잡고 있으며, 태산준령으로 둘러싸여 빼어나게 높고 숲이 우거져 있다. 그리고 계곡이 깊어 '청계무저(淸溪無低)'

하루의 즐거운 휴식인 다병에서 돌출된 디자인은 사람의 마음을 움직이게 하는 힘이 된다.

—하루의 즐거운 휴식

라 불리기도 한다. 예부터 중국의 이름난 시인 묵객들이 선권동의 기묘함을 읊어 천하에 기이한 곳으로 알려졌다.

이 굴은 3층으로 되어있고, 층마다 서로 연결되어 상동(上洞)과 중동(中洞), 하동(下洞)과 수동(水洞)으로 나뉘어 있다. 석조건물을 연상케 하는데, 석순(石筍)의 높이가 7미터가 넘는 지주봉(紙主峰)이 눈에 들어온다. 마치 동화세계에 온 느낌을 주는데, 석유(石乳)가 한 방울씩 떨어져 석순으로 형성된 것이라고 한다.

석조로 된 큰 응접실이 나타났다. 1천 평방미터가 넘는 넓이에 천장이 높을 뿐만 아니라 골이 깊다. 지주봉이 서로 짙은 색으로 이어져 있는 모습이 신비에 싸여 있다.

천장은 돔으로 둥글고 갖가지 모양의 석순들이 드리워져 있다. 들쭉날쭉한 봉우리들이 흰색과 푸른색, 노란색을 띠고 비취처럼 아름답다. 초록과 연둣빛이 청색과 백색으로 얽혀 풀잎과 꽃들이 만발한 것처럼 보인다. 벽에는 당시대 '10선유동(十仙流洞)'의 글과 양(梁)시대 문필가들의 필적이 남아 있다. 그리고 달팽이 껍질처럼 생긴 모양이 하늘을 나는 구름 같기도 하고 파도치는 바다 같기도 하다.

돌계단을 따라 구부러진 길을 올라갔다. 사면의 벽에는 갖가지 모양의 종유석(鍾乳石)이 꽃모양을 하고 매달려 있다. 이러한 것들이 연못에 비쳐져 아름다움을 이룬다. 천장에는 떨어지는 물방울들이 석순(石筍)을 이루다가 돌기둥이 되어, 위로 뻗다가 몇 갈래로 갈라지면서 매화나무모양을 이룬 것도 있다. 하동과 수동으로 내려갈수록 동굴의 풍치는 더 신기함을 드러낸다. 6미터 높이의 폭포가 가파른 돌 위를 수직으로 떨어져 물보라를 일으킨다.

천장에는 형형색색의 종유가 걸려있어 비취색의 포도송이로 보인다. 어떤 것은 남자와 여자가 애무하는 모양이고 또 나란히 서 있는 모습은 매화병풍처럼 보인다. 이번에는 수동이 나타난다. 길이가 120미터, 수심은 4.5미터, 넓이는 60미터로 된 지하 개울로 언제나 배를 띄울 수 있다. 나는 배를 타고 한 바퀴 돌았는데 동굴 속이 조용하기 그지없다. 아득한 느낌이 마치 용궁에 들어와 있는 착각마저 일으킨다.

선권동은 푸른 송백나무로 숲을 이룬 사이로 아름답게 자리 잡고 있다. 사람 같기도 한 검은 이미지들이 다가온다. 남녀의 성기 같은 모양이 용틀임하는가 하면, 검은 형상의 생명체에게 영양분을 공급하는 탯줄과도 같이 느껴지는 것도 있다. 모두가 태고의 아름다움 같고 볼륨이 있으며 색채가 모두 화려하다.

다병은 처음에 디자인했던 이미지가 그대로 형태가 된다고 볼 수 없다. 다병을 만들어 가는 과정에서 흙으로부터 속삭임을 듣게 되고, 여기에 자신의 생각과 부딪치는 불꽃의 작용이 있어 예기치 못한 것이 만들어진다. 구상이 구체화 되는 것이 아니다. 창조하는데 있어서 순간적으로 변화되면서 고뇌와 기쁨이 함께 따른다. 다병을 만드는 과정에서 언제나 새로운 발견이 나오게 된다.

하루의 즐거운 휴식인 다병에서 돌출된 디자인은 사람의 마음을 움직이게 하는 힘이 된다. 그러면서 나 자신도 예측할 수 없는 일이어서 매력을 느끼지 않을 수 없다. 다병에 있어서 자연그대로라는 것은 차의 맛과 향기를 더 음미하게 된다. 다인(茶人)이 다병을 소중하게 다루는 것은 다병의 조형미를 추구하고, 화신(火神)에 대한 경외심을 느끼기 때문이다.

현실을 넘어서

세계화시대는 모든 나라의 국제관계를 비롯하여 국내의 정치 판도까지 결정짓는다. 베를린장벽의 붕괴와 함께 냉전을 종식한 오늘날에도 독자적인 특성을 가지고 있다. 세계는 갈수록 서로 밀접하게 다가서고 있다. 하지만 세계화시대에는 인터넷으로 달려간다. 시장과 국가, 기술의 통합으로 어느 시대와도 비교할 수 없다. 그리고 전 세계에 자본주의가 전파되는 것이다. 그러면서 독특한 문화와 기술을 지니고 있다.

1982년 7월, 한국도예연구회에서 초대되어 전시회를 가졌다. 지름이 50센티의 접시들로 이룬 작품의 연작은 '현실을 넘어서'

라는 조형도예이다. 한편 도예는 회화와도 통하고 있다. 조형도예의 형태는 공간적으로 다방향성을 나타낸다. 이러한 작품은 혼돈의 이미지가 주제가 된다. 미술에 부조(浮彫)야 말로 회화와 조각의 양면성을 가진 것인데 도예에서도 그러한 의미를 부여한다. 현대미술로 불리는 도예품이 벽에 걸리면서도, 회화라고 말하기에는 망설이게 되는 것이다.

나는 몇 년 전 오사카 시립박물관에서 비디오테이프를 사용한 작품이 미술전에 전시된 것을 본 적이 있다. 물론 테이프만으로는 실체를 눈으로 볼 수 없지만 대체로 평면과 입체를 볼 수는 있었다. 부조는 기하학적인 차원의 개념에서 말하면 회화와 달라서 어떤 형태를 표현해 내기 위해 들어가고 나오는 기복을 본질로 하는 입체이다.

전시장에 놓인 '현실을 넘어서'는 큰 접시가 입체로 된 평면이라고 말할 수 있다. 이 작품은 회화와 닮았지만 중력을 의식하게 되는 점이 다르다. 서로 능선을 접한 부분에서 중력을 합하여 짜임새가 이루어지게 된다. 중력을 합한다고 하는 것은, 수직 방향을 취하지 않고 기운 방향으로 향하는 것을 말한다. 거기에는 수평과 수직 방향의 짜임새가 이루어져 있다.

연대상으로 광개토왕보다 150년 앞선 동천왕은 제위 20년에 위(魏)의 관구검과 싸움을 시작하였다. 환도성에서부터 쫓기기

도예는 회화와도 통하고 있다. 조형도
예의 형태는 공간적으로 다방향
성을 나타낸다. -현실을 넘어서

시작해서 그해 5월에 국내성을 지키지 못하고 패퇴를 당했다. 동천왕은 그 당시 신라뿐만 아니라 백제왕도 지배할 만큼 강성하였고, 더 나아가서 동아시아제국을 제패하려는 야심 때문에 관구검에게 죽음을 당했다.

일본의 여류역사가인 고바야시는 동천왕은 죽은 것이 아니고 일본으로 망명한 것이라고 한다. 그 이후 동천왕의 행적이 일본의 사료에 적혀 있다. 고구려본기에 의하면 248년 9월에 동천왕은 사망했으나 능묘가 확실치 않았다. 그렇지만 그녀는 중국측 사료를 인용하여 추리했다. 동천왕은 일본에 와서 야마도국왕인 비미호여왕을 죽이고 그곳을 장악하였다. 그는 여왕의 일족인 13세의 일여(壹與)를 여왕으로 추대하고, 그 후 무력으로 신무천왕이 되었다.

동천왕(19년) 3월에 일본인의 미녀를 후궁으로 받아 들였다. 그녀의 몸에서 태어난 아들이 신정명천이었다. 일본의 사서에 의하면, 248년 2월에는 동천왕은 고구려에 있지 않고 신무천황이 되어 있을 때이다. 그러므로 동천왕은 전방후원분에 묻혀 있다는 것이 고바야시의 견해였다.

우리는 정직과 신뢰가 무엇보다도 우선하는 문화 환경을 만들면서 21세기로 들어서고 있다. 북한 핵문제를 둘러싼 한반도의 긴장과 동북아의 불안이 국제 사회의 중요한 이슈로 부각되고 있다. 그만큼 우리의 지정학적 위치가 강대국의 영향 속에 놓여 있다. 많은 사람들이 자신의 전통문화를 버리고 서구화된 소비문화를 받아들이고 있다. 서구화된 관습을 자신의 전통문화와 함께 선택한다. 그렇지 않은 일부사람들은 세계화로부터 자신의 전통문화를 보호하기 위해 전쟁도 불사하겠다고 한다. 이런 현상은 현재 중동지역에서 나타나고 있다.

이 어려운 시점에서 살고 있는 우리들은 오늘날의 세상이 돌아가는 이치가 불가사의 하다고 느낀다. 그러면서 새로운 세계화에 적응하고 통찰력을 얻고자 한다. 세계화의 심장부에 위치한 핵심은 바로 인터넷에서부터 위성 통신에 이르는 기술진보라고 한다. 세계는 마이크로칩과 시장뿐만 아니라 다양한 사람들로 구성되어 있다. 독특한 전통과 더불어 저마다 다른 소망과 꿈을 안고 살아가는 인간들로 이루어져 있다.

벽면은 단지 부조를 설치하는 장소로써 그치지 않고, 벽 자체를 부조의 한 요소로 계산하여야 한다는 것을 러시아 구성작가 우라지미루 다도린이 말했다. 도예작품을 놓는데 있어서 벽면이 있는 것과 없는 것이 어떠한 차이가 있을까를 보여주었다. 조형도예는 공간이 트여야 한다. 이런 것은 우리들이 입체적 회화를 볼 경우에도 관계가 있다. 입체로 된 회화를 한쪽 방향에서 바라볼 때 그 풍경은 부조처럼 보인다.

'현실을 넘어서' 조형도예들은 지금 우리 회사 사무실에 놓여 있다. 이 작품은 일종의 입체로서 여러 공간을 결부시키는 의미로 사무실의 공간을 차지하고 있다. 작품을 둘러싼 주위의 공간과 연결되어 융합을 이룬다.

끊임없는 설레임

1980년 12월, 부산 코모도어호텔 기획전에 초대되어 산업으로서의 표현을 주제로 한 도예 50점을 출품하였다. 나에게는 12번째 개인 도예전이었다. 작품들은 창문처럼 구멍이 뚫어진 것들로, 각기 모습을 달리한다.

흙을 이기고, 그릇을 빚어 말렸다가 초벌구이를 한 것에 유약을 칠한다. 거기에 그림을 그려 다시 가마에 굽는다. 그것을 가마 속에서 하나하나 끄집어낼 때의 가슴 설렘은 겪어보지 않은 사람은 모른다. 비록 생김새가 울툭불툭하고 겉으로 보기에 시원찮은 것이라도 그랬다. 초벌구이를 꺼내들었을 때는 행여 깨

질세라 애지중지하여 조심이 따랐다. 그것들에 유약을 칠하고 잿물을 입혀 가마에 넣어 불을 지피는 동안에 잠이 제대로 오지 않는다. 혹시 잘못 구워져 나오면 어떻게 하나 하는 걱정이 뒤범벅이 된다.

구운 도자기를 끄집어낼 때는 착잡한 심정이 엇갈린다. 태깔이 멋지고 모양도 빛은 그대로 나오는 것이 있는가 하면, 빛깔이 바래고 주저앉아서 보기 흉한 몰골이 돼 있는 것도 있다. 그릇 두 개가 서로 엉겨 붙어 있는가 하면, 터져서 금이 가 버린 것도 있다. 그런데 불의 장난이라고 할까 심술이라고 할까 참으로 신묘한 것이 보이기도 한다. 생각조차 하지 않았던 결과 치고는 놀라운 것이 나오는 것이다.

유약이 불의 심술이 아니꼬워서 변덕을 부린 것처럼 조화를 이루어 나오는 데는 놀라지 않을 수가 없다. 전혀 의도하지 않았던 작품이 나오는 것이다. 그런데 흙의 바탕으로 소재로 삼아 작품을 만드는 데는 작가의 의사가 드러나지 않는 경우가 있다. 이런 작품 가운데 보기조차 싫은 실패작이 많지만, 때로는 좋은 작품이 나오는 수가 있다.

요즘 세상이 어수선해지면서 사람들은 나라가 거덜 났다고들 말한 이가 많다. 밀려오는 정보화시대가 되고, 사회가 더 복잡해질수록 비인간적인 일들이 발생하고 있다. 이 시점에서 광개

구운 도자기를 끄집어낼 때는 착잡한 심정이 엇갈린다. 때깔이 멋지고 모양도 빛은 그대로 나오는 것이 있는가 하면….

—끊임없는 설레임

토왕이란 도대체 어떤 존재인가. 광개토왕에 대한 재평가와 더불어 본래 광개토왕의 모습에 대한 의문을 일으킨다. 고구려는 문명국가로 실재했지만, 고구려와 만나기 위해서는 먼 곳에 있을 것이라는 생각이 든다.

나는 고구려의 수도였던 집안(集安)으로 가기 위해 하얼빈까지 비행기로 갔다. 거기서 통화(通化)까지는 밤기차를 타고 14시간을 달려야 했다. 통화에서 다시 버스를 타고 10시간을 가서 집안에 도착했다. 이곳은 북한과 접경한 압록강 연안이다. 국내성과 광개토왕비, 여러 성터가 고구려의 옛 모습으로 생생하게 살아 있다. 그러나 열악한 보존 상태는 나의 마음을 참담하게 하였다.

중국은 고구려의 유적들을 중점보존물(中点保存物)로 지정해 놓고서는 잡초 밭이나 다를 바가 없이 내버려둔다. 국내성의 석축도 아파트 건물 사이에 초라하게 버려져 있어 더 마음이 아팠다. 앞으로는 고구려의 흔적마저 찾기 어렵게 될 것으로 보인다. 아무리 타국 땅에 있다 할지라도 고구려의 역사가 훼손되는 현장을 바라 볼 수밖에 없는 우리의 상황은 슬픔이 아닌가.

국내성은 5백여 년 동안 고구려의 도읍지였다. 광개토왕비는 거대한 암석을 세울 수 있었던 선조들의 강인하고 늠름한 기상에 압도당한다. 넓이만도 6척이 넘는 장대한 자연석을 약간 손

질하여 지상에 세운 것이다. 한 번쯤은 보고 싶은 비석이었지만 직접 가까이서 보니 나도 모르게 경건해진다. 음각으로 새긴 능비의 비문과 구절이 시야에 들어와 멈춘다. 마치 요동벌판을 질풍처럼 달리는 말발굽 소리가 들리는 듯하면서 능비의 위업을 강하게 비췄다.

집안에 만여 개의 고분이 있다. 이러한 고분들과 장군총, 광개토왕비는 죽은 자들을 위한 유적들이다. 이곳은 죽은 자들의 낙원이었을 뿐 고구려인들에게 생활하는 데는 기피된 곳이었다. 안내인은 광개토왕 비문이 서 있는 곳은 애초부터 정부사업을 벌이면서 왕도로 삼았던 곳이 아니었다고 한다. 어쩐지 광개토왕의 묘지에서도 토왕이 사망하였을 때 집안에 있지 않았던 것을 상상케 한다. 그렇다면 능비는 왜 평양이 아니고 집안에 세웠던 것일까. 고구려본기는 토왕이 413년 10월에 사망한 것으로 되어 있다.

고바야시는 1936년생이며, 여류역사학자이다. 그녀는 일본에 있는 인덕천황의 전신이 광개토왕이라고 한다. 이를 입증되는 사료들을 그녀 나름대로 예리한 추리로 증명하고 있다. 1972년 3월, 일본 나라현 아스카 근교에서 발견된 고송총(高松塚)고분 발굴에 의해서 증명하고 있다. 그녀는 광개토왕이 413년에 사망된 것으로 고구려본기에 나와 있지만, 그는 일본으로 가서 응신의 뒤를 이어 천황이 되었다고 한다. 만약 광개토왕이 인덕천황과의 동일 인물이라면 고대사는 다시 고쳐져야 할 것이다.

세계는 다양한 사람들로 구성되어 있다. 독특한 습관과 전통, 소망과 꿈을 안고 살아가는 인간들로 구성되어 있다. 정보화시대에 접한 우리들은 자신의 전통을 건사하지 못한 나라는 제대로 존속할 수 없고 더 나아가서 자신의 문호를 개방할 수도 없다. 반면 전통을 갖고 있을 뿐 꿈을 갖지 못한다면 오히려 성장하는데 있어서 방해가 될 뿐이다.

도자기를 만들어 오는 동안 위대한 예술을 창조해내는 것은 인간 스스로의 힘보다도 무언가 보이지 않는 힘에 의하여 만들어진다는 것을 배우게 된 것이다. 종교계에서 말하는 신비의 존재를 다른 세계에서 확인하고 있는 셈이다. 나는 현대식으로 설계된 가마에다가 전기로 도자기를 구워낸다. 재래식 가마에서 장작을 때는 것보다는 불의 장난이나 심술을 덜 탈 수 있다. 그런데 작품 이상의 작품은 작가 한 사람만의 손실에 그치거나 기쁨으로 돌아가지만, 인간 이상의 인간들이 사회를 어지럽힌다면 그것은 곤란한 일이다.

시간의 흐름 속에서

서구사람들과 일본사람들의 생활감각을 비교해 보면 차이점이 드러난다. 유럽문화권의 주택양식에 있어서는 미술품과 장식품이 벽면에 걸리거나 놓어 있는 것을 볼 수 있나. 너구나 상류층 저택에는 개인박물관과 같은 공간이 따로 마련돼 있는 경우가 있다.

일본의 또꼬노마는 우리네 벽장과 같은 구실을 한다. 바닥은 낮고 방바닥보다는 조금 높게 된 곳인데 주택을 지을 때 일정한 자리에 마련된다. 이것은 일본사람들의 생활양식과 민속적인 생활방식이 오랜 시간 동안에 이어져온 특별한 주거양식이 드러나는 곳이다. 그들의 생활 가운데서 비중을 차지하고 있는 주거공간이 또꼬노마이다. 일본사람이면 이 또꼬노마에는 그 집안의 전통적인 서화의 족자가 걸리고 그 밑에 다화(茶花)가 놓여진다.

오늘날 일본사회 곳곳에서 베풀어지고 있는 엄격한 이와 같은 차 의식은 일본사람들 정신문화의 기본 같은 것이라고 할 수 있다. 다화 역시 되는 대로 꽂아놓는 것이 아니다. 차 의식에 참여하는 일본인들이 꽃을 높이 받드는 마음은 조형의 오묘함을 찬미하고, 자연의 혜택에 감사하는데 있다. 꽃을 소재로 삼아 하나의 미 세계를 창조하는 인간의 무한한 능력을 자연에서 찾고 있음을 알 수 있다.

차 의식에 장식하는 것들 가운데서 꽃이 첨가되어 그 의식은 더 빛이 난다. 자리를 함께하는 사람들과 숨을 깊이 쉬는 것 같아서 사람들은 꽃을 한층 더 높이 받든다. 이리하여 다화라는 차 의식이 일본사람들의 생활 속에 뿌리를 내리고 있다. 다화는 화려한 것, 요란하게 향기가 있는 것, 독이나 가시가 있는 것을 다루지 아니한다.

1977년 1월, 나고야에서 세노 여사가 경영하고 있는 학원을 견학했다. 그녀는 일본 꽃꽂이계에서도 학구적이고 조직적인 소오게쯔류의 이사이며, 육순이 넘는 나이에도 꽃꽂이 작품 활동에 열정적이었다. 나는 이분을 만나 그곳에 있는 도예가들과 다

다병에서 흙의 대상은 점차 서정적인 경향으로 기울어져 간다. 나에게 있어서 다병은 시간의 흐름 속에서 고정 개념을 지니고 있다.

— 시간의 흐름 속에서

병(茶甁)에 관한 의견을 나누면서 처음으로 다병을 알게 되었다. 그 후 세노 여사의 꽃꽂이에 관한 꽃과 화기, 다병까지 공부할 수 있는 계기가 되었다.

세노 여사 밑에 있는 사범들이 학생들을 가르치고 있었다. 사범의 교습 내용이나 배우는 학생들의 태도가 엄숙해서 옷깃이 절로 여며질 정도였다. 기침소리 하나 없는 정숙한 교실에서 스승과 제자들은 한결 같이 꽃에 마음을 쏟아놓고 있었다. 그녀는 꽃꽂이란 '대자연을 축소한 것'이라고 자신의 견해를 말하면서, 하나의 윤곽과 하나의 나뭇가지라도 강조하는데 있어서 대자연의 섭리가 살아 움직인다고 했다. 이런 인연으로 세노 여사의 꽃꽂이 전시회에 내가 제작한 화기와 다병으로 그녀의 꽃꽂이의 멋진 공간의 세계를 만들어 출품했던 일이 지금도 아련히 생각난다.

나는 다병을 만들 때는 먼저 하반부를 만들고 어느 정도 말려서 그 위로 목과 입 부분을 만들어 붙인다. 다소 동적 상황을 빌어내는 방법으로 조각을 여러 번 조합해서 만들어 나간다. 어떤 것은 석고로 원통을 만들고 그 위로 판으로 만들어가는 방법이었다. 이 과정에서는 표정을 중요시하게 된다. 그리고 알맞게 젖은 상태에서 음각과 압인을 한다. 그런 후 분청기법 중에 하나인 귀얄문 기법으로 기물 위에 화장토를 바른다. 반 건조 상태가 되었을 때 넓은 붓으로 자국이 자연스럽게 나타나도록 그린다. 그 다음은 초벌구이를 거쳐서 시유를 한다. 이러한 기물은 굽 언저리를 유약으로 씌우지 않는데, 이것은 바탕이 그대로 보이는 효과를 얻고자 함이다. 그리고 깔때기로 유약을 부어넣고 내부까지 묻도록 한다.

우리나라와 중국 등 외국의 고금(古今)과 사물(事物)을 고증(考證)해서 60권의 책으로 엮은 오주(五洲) 이규경(李圭京)이라는 학자가 있다. 책이름 엮은 『오주연문장천산고(五洲衍文長淺散槁)』 줄여서 '오주연문(五洲衍文)'이라고도 부른다. 여기에 이런 글이 나온다.

> 사람이 아름다운 꽃을 사랑하는 것은 풍유의 하나다. 청복(淸福)이 있는 사람이라야 능히 꽃을 사랑할 수 있는 복을 누리는 것이다. 그러므로 저마다 갖는 복을 누리는 것이다. 애수에 잠기고 비겁하고 인색한 사람이 어떻게 이 복을 얻을 수 있겠는가. 나는 일찍이 병화(甁花)의 방법을 배워 노래한거(老來閑居)의 자료로 삼고자 하는 것이다. 악마와 같은 시기심을 갖고 있지 않는 바에야 어느 누구가 꽃을 마다하고 사랑하지 않겠는가.

그런데도 이규경은 '아름다운 꽃을 사랑하는 것은 풍류(風流)의 하나라고 지적하면서 청복이 있는 사람이라야 능히 꽃을 사랑할 수 있는 복을 누리는 것'이라고 못 박았다. 사람은 누구든지 적어도 꽃을 사랑하는 순간만은 청순(淸純)한 감정으로 돌아가게 된다는 것을 생각하게 된다. 때로는 추악한 인간 사회에서 다른 어떤 존재에서도 찾아볼 수 없는 아름다움을 꽃에서 찾아 느꼈고, 울적한 마음의 때를 꽃으로 해서 씻어보려는 보상심리의 발로(發露)인 것 같다.

나는 전통적인 미의식과 현대적인 것, 이를테면 서구적인 방법을 실험하려고 한다. 평면 속에서 이미지를 드러내려고 한다. 선묘가 사라지면 색 조화에 반응을 보이게 된다. 다병에서 흙의 대상은 점차 서정적인 경향으로 기울어져 간다. 나에게 있어서 다병은 시간의 흐름 속에서 고정 개념을 지니고 있다. 그것은 평면성에 변화를 주는 끝없는 작업이 기다리고 있다.

2. 움직이는 그릇 굽기

조화의 순간

첨단과학시대가 되어 모든 것이 기계적으로 처리되어 나가지만 인간성을 잃을 수는 없다. 다병(茶甁)을 만들려면 인간의 본성과 진실을 바탕으로 해야 한다. 인간이 살아가는 행로는 우연히 만나서 값진 인연을 맺기도 하고 또한 비극을 빚는 수도 있다. 대수롭지 않은 만남에서 오고간 정이 오랜 세월을 두고 잊혀지지 않기도 한다. 이래서 사람이 만나고 헤어짐에는 전생부터 인연이 있다고 하는 것인지 모른다.

겨울 볕이 따스해질 무렵의 일과 생활은 바쁘기 그지없다. 조화의 순간으로 만든 다병을 보면서 나를 그 속에 투영시켰을 뿐만 아니라, 생활 속에 떼놓을 수 없는 일부로서 생활을 윤택하게 해주는 묘약(妙藥)인 것 같다.

내가 처음 다화(茶花)를 본 것은 동경에 있는 초월학교에서 공부할 때이다. 그곳 회관 내에 다(茶)의 방에 꽂힌 꽃을 보았다. 안개꽃과 함께 양귀비꽃이 꽂혀진 다화가 있었다. 다실에 꽂아진 꽃을 다화라고 부르지만 유파도 없고 꽃꽂이로서의 정형도 없으며 극히 자유로웠다. 그러나 다화에 있어서도 개인의 기호라는 것이 어딘지 모르게 나타나고 개성의 표출을 엿볼 수가 있다. 꽃의 품격이라 할까, 자태라는 점에서는 내가 만든 다병 또한 꽃의 공간적인 모습으로 나타날 수가 있다.

1990년 2월 초순, 나고야에 있는 일전회(日展會)의 회원인 도예가 가또오의 초청으로 차 대접을 받은 적이 있었다. 오후 해가 기울어지기 시작할 무렵에 그 댁에 이르러 다실로 안내받았다. 그분은 또꼬노마에 장식된 다화를 보여주었는데 그 다화의 분위기는 조용하고 몹시 수수했다. 다화의 재료들은 모두 정원에서 자기가 직접 재배한 꽃을 사용하고 있다고 했다. 이날 꽃은 실버들과 함께 동백꽃을 꽂았다.

계절의 꽃을 사용한다고 하는 것은 예부터 차(茶)의 습관이라고 말한다. 꽃 한 송이와 풀 한 포기에 마음을 쏟는 것을 소중히 여겼다. 다화의 조건을 갖추고 있는 동백꽃은 지나치게 화려

대수롭지 않은 만남에서 오고간 정이 오랜 세월을 두고 잊혀지지 않기도 한다. —조화의 순간

하지 않고, 안정감이 있을 뿐만 아니라 향이 적으며 가시도 없다고 한다. 동백꽃은 대자연이 생성하는 예술품이며, 우주 속에서 으뜸가는 생명의 상징이면서 탄생을 가능케 하는 숭고한 모태이기에 이 꽃을 사랑한다고 했다.

나는 조화의 순간인 다병을 바깥쪽으로 시유할 때는 굽을 잡고서 주전자에 담긴 유약을 부어나간다. 이때 몸체를 반으로 나누어 서로 대조색이 되게 한다. 유약은 재유로 입히고 코발트유와 철사로 서로 상반되는 색상으로 변화를 준다. 이렇게 대조색으로 결합하면 긴장감이 들기도 한다. 강한 대비를 이룰 때 기물의 표정은 더 개성적으로 드러난다. 이때에 주둥이를 없애느냐 그냥 두느냐의 문제로 고심을 하게 된다. 이것은 실용적인 기능과 형태와는 관계가 없는 다병이다.

형태가 굳어지면 흙 살결도 늘려간다. 줄무늬를 긋기도 하고 그 무늬가 쌓여져 있는 것 같이 파나가기도 한다. 그리고 날카롭게 갈라지기도 한다. 날카로운 선이 한층 조형미를 강조해 보인다. 나는 흙을 통해서 소재와의 관계를 깊게 유지해 간다. 그렇지만 소재를 넘어서면 형만이 남게 되고 그렇게 되면 형을 전하는 일만이 남는다.

서구의 현대예술은 정신과 물질과의 대립관계에 서 있다. 그리고 다다이즘의 오브제는 물체와 인간과의 관계를 파괴했다.

쉬리얼리스트는 자연물과 가공품을 써서 새로운 정신과 물질의 관계를 꾀하기도 하였다. 근대까지 서구세계가 빠뜨렸던 부정형의 것을 받아들이기도 하였다. 이러한 서구예술이 동양에서 자연의 영역으로까지 확대해 나가게 하는 것이다. 그리하여 조화의 순간을 나타내는 이 작품은 자연과 친화성을 구현해 보려고 한 것이다.

20세기에 접어들면서 갖가지 실험과 파괴 속에서 전통적인 미술양식과 재료들은 뒷전으로 물러앉게 되었다. 한편으로는 그것이 자유로운 표현과 개성을 제한하는 결과를 낳았다. 흙에 묻는 손자국을 그릇에 남게 하는 것은 옛 도공들이 흙으로 빚어 만들 때 느끼던 감정과 다를 바 없다. 흙에 의한 다병은 어느 것보다도 나의 감정을 반영한 것이다.

일본에서는 손님을 접대할 때 반드시 차를 내며 이것은 일상생활에서 떼어놓을 수 없는 하나의 풍습이다. 일본처녀들은 시집가기 전에 반드시 다도를 익힌다고 한다. 그래서 시집가는 날 시부모나 친척에게 신부가 몸소 말차(末茶)를 달여 다도의 법식에 어긋남이 없나를 평가받는다고 한다. 그들에게 있어서 차는 뗄 수 없는 생활의 일부분임에 틀림없다.

다병은 꽃만큼 자연과 가까운 관계에 있다. 조화의 순간인 다병의 원료는 흙이다. 그런데 사람의 손에 의해서 만들어진 작품에서 나는 더 큰 자연을 맛보게 된다. 나는 다병 만드는 과정에서 기교가 표면에 나타나지 않는 편이 훌륭하다고 생각해 왔다. 그런데 표면에 드러나는 것이 훌륭하게 느껴질 때도 있다. 어떠한 다병에 있어서도 시시각각으로 신선미를 더하면서 나아가는 것이기 때문이다.

조용한 그곳에

꽃은 아름답다. 고금을 통해 모든 아름다움을 견주어 '꽃과 같이'라고 했듯이 꽃에 대한 찬미는 어디서고 한결 같다. 이러한 꽃은 대지를 근원으로 한 생물 가운데 결정(結晶)의 표정을 주고 있다. 자태는 대기 속에서 뿌리로 시작해서 줄기로, 줄기로부터 다시 가지와 개화에 이르기까지 그 생명이 대견스럽다.

꽃을 다병(茶甁)에 꽂는다는 것은 조화를 이루게 하는 것이다. 봄에는 긴 겨울을 이기고 나온 꽃이 있어 우리에게 자연의 섭리와 정감을 준다. 인간은 자연에 살고 자연은 인간에게 존재 이상의 가치를 제공한다. 이 자연 속에는 산과 강이 있고 이 가운데 끊임없이 피고 지는 꽃이 있다. 노목(老木)의 가지에서 풍상(風霜)을 되새기며 봉오리에서 만개한 꽃의 결정을 맛보기도 한다. 하나의 싹이 홑잎을 틔우고 줄기를 올리듯이 봉오리는 만남을 예시하기도 한다.

다화(茶花)는 꽃에 숨어 있는 여유와 공간에 대한 조형을 보여준다. 이것은 다병이 발전되어 가고 있음을 알 수 있다. 나에게는 다병이 인연과 이별을 전해 주는 동시에 지난날과 다가올 미래를 음미하게 한다. 그리하여 무한한 공간과 여유를 주는 시간으로 찬사하기에 이른 것이다.

1985년 11월, 동경에 있는 초월화랑에서 '공간을 향하여'라는 주제로 전시를 했다. 이 전시회는 공간을 주제로 한 전시였다. 2층에는 데시가하라 쇼후(초월학교 1대 가원(家元))의 목조각과 이싸무노 꾸지의 데라코타, 그리고 데시가하라 히로시(초월학교 3대 가원)의 도예가 전시되었다. 이들은 현대미술에서 전위작품을 추구하고 있으며 다병을 중요시한 작가들이다.

이들은 개성적인 작업을 전개하는 작가들이다. 자연스러운 흐름으로 각기 개성적인 작품들이 통일감 있는 배치로 서로 연결을 짓고 있다. 더구나 이 다병들은 도전정신을 드러내는 정열이 보였다. 평면에서 공간으로, 환상에서 공간으로 서로 반응하면서 공간을 채우고 있다.

'조용한 그곳에'는 생명의 리듬이 숨쉰다. 한 쌍이 이루는 삶의 결합이듯이 구멍이 뚫리고 벌어진 형태이다. —조용한 그곳에

초월화랑은 1950말부터 1960년에 걸쳐서, 전위예술의 본거지로 폭넓은 전시를 시도한 전시장이다. 이들의 직관력은 자연을 보는데도 세련된 감각이 있다. 그리고 다화를 상징화하고 형식화하는 지혜를 보인다. 그런 점이 장점이지만 우리가 의식의 대상으로 삼으려고 하는 공간은 평면체가 될 수밖에 없다. 요컨대 예술이라는 것은 끊임없는 발전적인 자세 없이는 생명을 유지할 수가 없다.

이싸무 노꾸지는 계단모양으로 돌을 조각한 공간에 작품을 설치했다. 이들의 작품은 새로움을 추구하는 전시이다. 나무를 깎아내어 깔아 놓은 형태, 거기에 붙여진 색종이에 공간적 효과가 마치 낙엽이 전시장으로 날아서 온 것 같은 분위기이다. 계단에 걸쳐있는 이싸무 노꾸지의 작품도 환경을 추구하는 조각이다. 바깥쪽에서 보나 안쪽에서 보나 어디서 보든 앞으로 보이는 작품이다. 그 작품은 오두막인데, 그 안에서 밖으로 나와 뻗는 한 대의 나무가 동판으로 씌워져 있다. 이 가지 끝이 다시 바깥으로 나온다. 오두막 위에는 파란 침낭이 가로누워 있다. 이것은 인간과 환경이 연속적인 관계를 이룬다. 이러한 작품은 공간으로 향하는 입체작품이라 부른다.

1986년 5월, 파리 그랑빠레에서 신구상(Figuration Critique) 제8회 싸롱전에 전위다병인 '조용한 그곳에'라는 작품을 출품했다. 파리

평론가에 의해서 선정된 신구상전이다. 인체 부분에 조형도예 5점 중 2점을 한 쌍으로 만들었던 다병이다. 나는 인체를 모티브 삼아 조립과 변형을 시도하는 쪽에 볼륨을 추구하였다. 어떠한 것이든 형태가 있지만 그러한 형태에는 이름을 붙일 수 없는 비정형의 경우가 있다. 나의 그림은 대체로 정방형과 긴네모꼴, 혹은 점이나 선으로 이루어진다. 이때의 정방형이나 긴 네모꼴이라는 것은 일상생활에서 쓰이는 개념은 아니다. 흔히 그러한 그림들은 추상이라고 한다. 거기에는 형태가 이루어지기 이전의 과도적인 상태로 헝클어진 모양이다. 프로이드의 용어를 빌자면 무의식의 모습이 펼쳐지는 것이라 할 수 있다.

'조용한 그곳에'는 생명의 리듬이 숨쉰다. 한 쌍이 이루는 삶의 결합이듯이 구멍이 뚫리고 벌어진 형태이다. 평면에서 공간으로 현실과 추상적세계의 경계선을 넘나든다. 이 다병을 보는 공간적인 조형으로서 구멍 뚫린 채 남아있게 된다. 우리나라에서는 이상하게도 도예라는 말에 민속적인 여운이 따른다. 옛 민예품에서 아름다움을 찾아내고 새로운 미를 나타내는 작업이 소중한 부분임은 틀림이 없다.

나의 다병은 모체로서 원초적인 상태를 추구하는 움직임이다. 거기에는 물리적인 여러 상황이 전개된다. 자연에 대한 믿음과 사랑으로 뿌리가 살아가는 생명력을 볼 수 있다. 이 다병은 원초적인 생명이 자연에서 기원되고 있음을 말한다. 공간의 우주와 자연은 인체를 낳게 하고 거기에 생명력과 질서를 유지시킨다.

화력으로 만들어진 다병은 유약에 의하여 발색되는 것에서 시간의 지속성과 에너지를 볼 수 있다. 형태를 이루게 하는 힘은 골격을 따라 맥을 이룬다. 그 생동하는 상태는 선과 볼륨으로 나타나기도 하며 이 두 요소가 연결되는 것이라 볼 수 있다. 때로는 이런 다병의 구성에 기하학적 형태가 개입하기도 한다. 내가 만든 '조용한 그곳에' 있는 다병도 인위적인 분위기가 사라지고 전체적으로 통일된 상태로 나타난다.

다병은 바라보는 위치에서도 갖가지로 조형성의 변화가 일어난다. 따라서 생활환경이 달라진 오늘의 시점에서 현대감각에 바탕을 둔 다병을 연구하고 싶다. 그러기에 개성과 특수성이 조화를 이루어야 한다. 잊혀지기 쉬운 고유미를 재발견하여 다병의 아름다움을 몸에 익힘으로써 재창조의 길을 열고 싶다.

이어지는 환상

다화(茶花)를 꽂는 다병(茶甁)은 다화의 효율을 높이는 용기의 하나이다. 아무것에나 물을 담으면 다병이 된다. 대나무를 끊어다 원통을 만들어 꽂아보기도 한다. 그러나 원통은 단순한 용기면서도 다화와 같이 놓고 보면 색다른 운치를 보인다. 질그릇이나 일반다병에서 찾아볼 수 없는 대나무만이 갖는 독특한 개성과 분위기 때문이다.

다병은 다화가 빚어내는 색채뿐 아니라 받침과 벽까지도 고려하여야 된다. 다병을 선택하는 일은 쉬우면서도 어려운 일이다. 다병의 생김새를 고른다는 것도 중요한 일이지만 그보다 어떤 빛깔의 것을 쓰느냐가 더욱 중요하다. 다병은 바라보는 방향에 따라 갖가지로 조형성의 변화가 일어난다. 따라서 생활환경이 달라진 오늘의 시점에서, 나는 환경에 어울리는 다병을 만들고 싶었다.

1981년 7월, 나는 동경 초월화랑에서 도예 5인 전에 다병을 출품했다. 다병공간을 개최한 것은 도조(陶彫)작품이다. 이번 작품은 이어지는 환상으로 된 다병을 조각처럼 만들었다. 얼굴 같은 형상으로 만든 다병 5점은 문경점토 흙으로 1,310도에 구웠다. 이 작품은 유약 쪽으로 더 표현이 잘 돼 있다. 이러한 도조전은 조형도예로 분류되었지만 나의 스승인 데시가라 히로시(草月학교 3대 家元)와 함께 출품했다.

도예는 일상생활에서도 실용적인 것이 될 수 있다. 그런데 조형다병을 만들고 싶을 때 간혹 화병처럼 만들어야 하는데도 물이 담기지 않게 만드는 경우가 있다. 그럴 때일수록 다 잊어버리고 그저 자유로운 화병만을 제작하고 싶은 욕구가 생긴다. 즉흥적 판단으로 나를 흙 속으로 들어가게 해서 작품을 만들게 하는 까닭에 때때로 의문을 품기도 한다.

다병을 만들기 시작할 때는 처음에 데생했던 이미지가 그대로 형태가 된다고 볼 수 없다. 형태를 만들어가는 과정에서 흙으로부터 속삭임을 듣게 되고 여기에 자신의 생각과 부딪치는 두 개

형태를 만들어가는 과정에서 흙으로부터 속삭임을 듣게 되고 여기에 자신의 생각과 부딪치는 두 개의 작용이 있어 예기치 못한 것이 만들어진다. -이어지는 환상

의 작용이 있어 예기치 못한 것이 만들어진다. 만드는 과정에서는 구상이 구체화 되는 것이 아니다. 창조하는데 있어서 순간적으로 변화되며 이런 과정에서 고뇌와 기쁨이 함께 따른다.

이와 같이 만드는 과정에서 언제나 새로운 발견이 나오게 된다. 그 발견은 나의 경우에 디자인에서부터 시작이 된다. 조형(造形)다병에 있어서 돌출부분은 사람의 마음을 움직이게 한다. 그런데 자신도 예측할 수 없는 일이어서 스스로 매력을 느끼지 않을 수 없다.

우리의 전통도자기는 독창성보다 공통된 모습으로 된 은근한 색채가 있어 아름다움을 과시한다. 백자든 청자든 가릴 바 없이 순색의 단아함이 드러나 그 예술성을 더 높인다. 단아함과 은근함을 제작기법에서 드러내려면 특별한 기교가 따라야 한다. 백자가 지니고 있는 깊은 맛과 멋을 전통적인 것이라고 한다면 이러한 전통을 단절시킬 수 없다.

다병이 주는 감동은 작가가 누구일지라도 사람과 사람과의 유대를 의미한다. 완성된 다병에서 작가의 모습은 알 수 없어도 그 속에 스며있는 작가의 정신은 읽을 수 있다. 이어지는 환상에는 시간을 초월한 연대감이 다병 속에 있다.

1981년 11월, 대만 판화가화랑에서 제11회 심상옥도예전를 선보이게 되었다. 출품된 도예품 40점 중에 조형다병도 포함되었다. 자연의 기백에서 침묵시켜 주는 도조작품들이다.

검은 계통의 다병에 살아있는 듯한 요사스러운 매력을 내포시켜 보는 사람으로부터 깊은 사고와 개성을 느끼도록 했다. 모든 예술이 우주적인 영혼에로의 추구와 접근하기 위한 노력이라면 이러한 의도도 이 다병에 포함될 수 있었던 것이다. 다병 속에는 이어지는 환상이 볼륨으로 이룬다. 색채도 어두움과 화려한 색으로 만들었다.

6년 전에, 대만국영 TV방송국에서 가수 체이타이가 합환지야(合歡之夜)프로그램에 함께 출연하여 1시간 동안 한국도예를 선보이게 되었다. 그런 인연으로 내가 대만에 있을 때는 이 집을 자주 방문할 뿐만 아니라, 그녀의 친구들에게 나의 작품까지 소개한 가까운 친구였다. 그 가수 어머니인 린리화 여사는 성악에 조예가 깊은 분이며 광무합창단으로 부산에 와서 공연한 적도 있다. 그리고 나의 일에 여러 가지로 힘이 되어준 친구이기도 하다. 그 집 분위기는 전통적인 중국풍이 담겨 있었다.

린리화 여사는 내가 전시회를 할 때마다 친구들과 함께 와서 도와주었다. 일본인처럼 현관에 들어서면 꽃꽂이가 놓여있다. 나를 알고부터는 나의 다병에다 꽃을 꽂았다. 그리고 손수 차를 끓여 준다. 찻잔은 간장종지 크기로 된 백자로서 흰빛이 은은하다. 먼저 찻잔을 온수로 씻은 다음 주전자에 우롱차를 티스푼으로 두 개 정도 넣고 끓는 물을 부어 3분 후에 마신다. 일단 마시고 난 찻잔에 다시 더운 물을 부어 우려낸다. 이것을 세 번까지 돌려가면서 마셨다. 나는 차를 마시면서 어질해질 정도의 짙은 향기에 취했다.

그 차는 귀한 손님이 방문할 때만 대접하는 것으로 산지는 본토 중국남부라고 했다. 순수한 맛을 중심으로 하기 때문에 까다로운 예법에는 신경 쓰지 않고 자유자재로 마시면 된다고 했다. 한 잔의 차에 쏟은 정성은 속된 세상의 때와 권태, 이별의 감정마저 씻어낸다. 그러기에 대만사람들은 방문하는 사람에게 차를 대접하기에 게을리 하지 않는다. 대만인의 생활과 풍습, 그리고 그들의 사고방식과 도덕관념까지 그들의 차생활에서 엿볼 수가 있었다.

현대를 사는 인간

인간은 언제나 대자연 속에서 살아간다. 그 자연이 인간으로서 미치지 못하는 무서운 힘이 되기도 하지만 한편으로는 자연으로부터 혜택을 받기도 한다. 한 포기의 풀에도 위대함이 있고 한 개의 갈대에도 자연의 힘이 있다.

차는 온도와 계절을 민감하게 탄다. 철따라 물의 온도를 잘 조절해야 한다. 그리고 우려낼 때의 방법을 계절에 따라 달리해야 한다. 사철구분이 뚜렷한 우리나라에 있어서는 차뿐만 아니라 모든 분야에 있어서도 마찬가지라고 생각한다. 차를 마심에 있어서 그러한 계절감각을 표현해 주는 것이 다화(茶花)이다. 꽃이야

말로 사철 따라 나오는 자연의 산물이고 모든 사람에게 계절의 바뀜을 알려주는 것 가운데 하나이다.

일본의 경우 차 의식 가운데 엄숙하다고 하는 정오의 다사(茶事) 때는 또꼬노마에 첫 자리의 차가 베풀어질 때에만 서화를 걷어낸다. 그 자리에 꽃만 갖다 놓는다. 신이나 부처에게 올리는 헌화(獻花)의 습속에서 나온 것이 오늘날에는 관상의 대상으로까지 번졌음을 알 수 있다. 일상생활에서 차를 즐기는 것이 아니라 엄숙한 생활방식으로 차를 마신다.

다병(茶瓶)을 만드는 일본도예인들이 꽃을 높이 받드는 것은 인간의 능력이 아무리 뛰어나다고 하더라도 자연의 조화 앞에는 미미한 것이라고 여기기 때문이다. 다병을 신앙행위와 맞먹는 차 의식의 상징으로써 다루고 있는 일본인의 생활이었다.

다화에 쓰이는 꽃 그릇은 사용함에 따라 병꽂이 또는 침봉꽂이, 벽걸이와 달아매기 등으로 나눌 수 있다. 그리고 꽃 그릇을 품격으로 나눌 때는 청동기, 청자, 청화백자, 백자를 으뜸으로 친다. 그 다음으로는 놋그릇과 도기로 친다. 마지막 것으로는 질그릇, 대나무, 바구니를 친다. 다화에 있어서 자연 그대로라는 것은 차의 아름다움이나 향취, 그리고 그 존재를 음미하게 된다. 다인(茶人)이 꽃을 존중하는 것은 꽃의 조형미를 칭송하고 자연의 아름다움을 느끼기 때문이다.

나는 때로 흙의 확실한 것을 구하고
다른 한편은 불확실한 것에도 마음
을 써본다. 이렇게 흙에 파묻히는
자세는 여러 모양으로 이루어진다.

-현대를 사는 인간

데시가하라 가스미(草月학교 2대 家元)여사는 일본 모든 여성에게 선망의 대상이기도 하다. 그녀의 일생도 결혼하지 않은 채 꽃에 살고 꽃에 죽어간 여인이었다. 1980년 3월, 미국에서 도예전을 마치고 동경 초월학교에 들렀을 때다. 그 당시 가스미 선생은 새로 취임한 가원이었다. 새로 출판한 자신의 다화에 관한 책 두 권을 주셨다. 그리고 다화와 다병에 대한 조형성을 말씀해주시면서 자신의 아버지(데시가하라 쇼후)가 돌아가신 지 두 달째 되는 날이라고 했다. 예기치 못했던 쇼후(家元)의 죽음에 나는 마음이 아팠다.

나의 조형(造形)다병은 조각가인 쇼후 선생에게 크게 영향을 받았다. 그는 조각분야에 특히 심혈을 기울여 주셨던 분이었다. 그러나 나는 만들고 싶은 다병은 끝없이 트일 것만 같으면서도 어느 한 점에서 조형의 세계가 좁아져 가는 듯하여 몸부림이 일어날 뿐 만들지를 못했다. 그때 가스미 선생이 안개꽃과 난꽃을 들고 다화를 만들어가는 장면이 거룩하게 느껴졌다.

1984년 10월, 나는 파리의 리아그람빌레화랑에서 개인 도예전을 가졌다. 얼굴시리즈 49점 가운데 하나인 다병이 현대를 사는 인간을 주제로 만든 조형도예였다. 부자연스러우면서 소박한 얼굴상은 가스미 선생의 아름다운 자태를 지닌 모습이었다. 이 화랑에서 전시할 수 있었던 인연도 데시가하라 히로시(초월학교 3

대 가원, 조형도예가)의 추천으로 시작한 것이다.

이 화랑주인인 마담 리아는 독일인으로서 조각가 문신, 평론가 이일 교수와도 인연이 있던 분이다. 독일 뮌헨대학과 영국 옥스퍼드대학, 파리 소르본대학에서 미술사를 전공하였다. 조각 전시를 주로 하는 화랑이므로 나의 작품을 좋아 하셨다. 그녀는 이때부터 나를 파리에 진출할 수 있는 작가로 만들기 위해 3개월간 함께 박물관에 다니면서 지도를 해주셨다.

현대를 사는 인간인 다병은 원통과 함께 손으로 코일을 쌓아서 만든 한 인간상이다. 얼굴을 둥근 모양으로 만들고 그 곡면에 눈과 코를 붙인다. 그리고 눈과 입은 대담하게 칼로 도려낸다. 코와 눈썹, 귀도 점토로 붙여서 대담하게 파내기도 한다. 특히 조형성에 특색을 짓고 싶은 것은 눈의 표정이었다. 허무한 눈으로 무엇을 보는 것처럼 방심한 표정이 되게끔 작업하였다. 잘리낸 구멍의 데두리가 약간 부풀어 오르게 하려면 칼로 누른다. 이렇게 만든 다병은 눈에 따뜻한 정과 꿈을 돋보이게 한 표정이 되어 전시장을 채운다.

이 다병을 만드는 과정에서 흙의 유연성이라 말할 수 있는 잠재력에 놀라움을 가진 적이 있다. 이도다완(井戶茶碗)이라고 하는 문경의 태토에 형태와 이미지를 바탕으로 해서 현대에 사는 인간을 주제로 하여 만든 것이다. 청동으로 만든 종과 같은 형태로 모양을 뜨면서 흙이 지닌 중량감을 부드럽게 다루었다. 이 다병의 표면에 철광석의 가루를 칠해 섭씨 1,310도의 2차 소성을 거치게 된다. 균열이랑 움푹하게 파여진 흙이 보이는 표면에다 철분덩어리로 강함 그리고 약함을 강조해 보기도 한 것이다.

나는 때로 흙의 확실한 것을 구하고 다른 한편은 불확실한 것에도 마음을 써본다. 이렇게 흙에 파묻히는 자세는 여러 모양으로 이루어진다. 현대를 사는 인간과 같은 원추형의 다병이 탄생하는 것인데 이때의 작품은 흙의 특성에서 인간의 이념을 표현하고자 했다. 이렇게 만든 다병은 심미안과 창조적인 자기세계로 이루어진다.

꿈꾸는 검은 신들

현대를 사는 인간을 본질적으로 체계화한 것이 철학사상이라고 한다면 그러한 사상을 감상적으로 표현하는 것이 예술이다. 조선시대의 다병은 소박미와 단백미가 넘치는 민중 취향적으로 만들었다. 이러한 다병은 문양이 균등성과 정밀성에서 고려시대의 다병보다 뒤지는 경향이 있다. 그렇지만 백색이란 어떤 색채와 형태에도 장식이 자유자재다. 이는 우주의 만상을 수용하면서도 제각기의 특성을 그대로 나타나기도 한다. 이러한 이조시대의 다병 속에서 무한한 공간과 여유를 주는 자태에 이른 것이다.

1988년 2월, Visions Coreenes에 한국작가 10명이 파리 바르메이화랑으로 초대되었다. 나는 조형(造形)다병 4점인 '꿈꾸는 검은 신들'을 발표했다. 한국도예가 처음으로 조형성을 추구하는 계기를 마련한 것은 당시의 사회정황 속으로 전위미술이 들어올 무렵이었다. 1975년 11월 제1회 도예전을 부산 로터리화랑에서 열었을 때부터였다. 당시 일부 도예계에서는 나의 작품을 보고 이런 것도 도예냐는 비난도 있었다. 도예가 전통적으로만 보는 민예품에서 벗어나지 못하고 있을 때 전통기법을 도예에 모색하려는 사람들이 대부분이었다. 그렇지만 나는 일본 초월학교에 입학한 후 비로소 도예에 관하여 나름대로의 보람을 가졌다.

나고야에서 지하철로 40분 정도 가면 세도지방이 있다. 예로부터 오늘날까지 일본의 다도인에게는 메카와 같은 고장이다. 나는 여기서 도예를 배울 수 있는 기회를 가지게 된 것이다. 이 고장에서 전수되고 있는 오리베기법을 배우고 여러 모양의 형 뜨기와 동으로 발색되는 녹색과 붉은색의 유약을 배우기 시작하였다.

지금 바르메이화랑에서 열리는 꿈꾸는 검은 신들로 구성된 사람의 형태이다. 이 작품을 만드는 과정에서 흙의 유연성이라 말할 수 있는 잠재력에 다시 한 번 기쁨을 가진 적이 있었다. 이조시대 찻잔이라고 하는 특성에 형태와 이미지를 바탕으로 해서 만든 것들이다. 원통과 함께 판자모양으로 짜서 맞추기도 한 인간상이다. 노끈을 감아올려 만든 원통을 아래 부분부터 차례로 만들어 올라간다. 표면에 움푹하게 파여진 데에는 분홍색 상감

조형도예는 과감하게 미지의 세계를 추구해 가는… 꿈꾸는 검은 신들

한 문양으로 강조하였다.

나는 때로 흙에서 확실한 것을 구하고 다른 한편은 불확실한 것에도 마음을 써본다. 이렇게 흙에 파묻혀서 여러 모양으로 만들어본다. 검은 신들과 같은 긴 원통의 작품인데 어중간한 형태와 검은색으로 인간의 이념을 표현하고자 한다. 이 다병은 경북 문경에서 채취한 태토와 망강계의 산화물을 칠해 섭씨 1,310도의 고온으로 구워서 만든 검은 몸체이다. 이 몸체 속에 상감기법으로 노랑·빨강·초록·분홍·파란색을 살려낸 것이다.

나는 형태가 정해져 있는 것에는 그다지 흥미가 없지만 일본 전통도자기인 오리베기법에서 볼 수 있는 자유로움과 분방한 것에서 기력이 솟아오른다. 이러한 오랜 전통도자기에는 제각기 시대의 우수성을 지니고 있다. 그러나 나는 이도다완(井戶茶碗)을 만드는 태토에서 때 묻지 않은 순수함을 취하고자 한다. 이러한 점토로 만든 꿈꾸는 검은 신들의 다병은 공간의 조화를 이루는 것을 테마로 삼고 있다. 이 다병은 만들기가 어렵지만 거기에는 미지의 세계에 도전할 수 있는 즐거움이 숨어 있기도 하다.

조형도예는 과감하게 미지의 세계를 추구해 가는 진보성을 의미하는 것이다. 나는 이러한 정신이 바로 도예의 세계를 추구하는 것이라 여긴다. 밖으로부터의 모방뿐만 아니라 안에서 솟아 나오도록 하는 노력이 필요했다.

삼각구성은 건축이나 조각에, 토착적인 한국조형예술에 공통적인 조형성을 보이고 있다. 이 삼각구성은 율동감이 풍부한 동적인 표현으로 나타난다. 공화(供花)가 부조된 신라막새기와 석탑건축양식을 예로 들 수가 있다. 초기의 삽화(揷花)에서 볼 수 있는 불전공화의 직립형식이 좌우대칭의 균등을 보이고 있다. 기물로서의 안정성을 유지해야 한다는 점에 있어서 현대에 이르기까지 전승돼 오고 있다. 불전공화에 쓰이고 있는 다병은 대립형태로 배치되어 있다. 여기에 변화와 양감, 공간에 균형을 갖추면서 정태적(情態的) 표현으로 나타난다.

내게 있어서 흙은 생의 반려자이다. 그렇지만 도자기 소재로 느껴온 것은 조형력이 약하다는 점이다. 때로는 구상한 것을 가지고 어떻게 조형할 수 있는가를 만들어 본다. 그중에는 수준 높은 작품이 나오기도 했고 자극적인 효과도 얻었다. 이러한 경험이 밑거름이 되어 Visions Coreenes에서 꿈꾸는 검은 신들을 만들었다. 나의 도예에 있어서 새로운 비전이 된 셈이다.

다병은 도예의 폭을 넓히는 내 나름대로의 실험이었다. 이러한 시도는 도예 흐름의 한 가닥이 되기도 했다. 여하간 출품된 다병은 여러 면으로 평가를 받았다. 그 성과로 전통도예로부터 새로운 도예의 세계에 들어갈 수 있었다. 그것은 조각도 아니고 도자기도 아닌 기이한 조형도예이다.

시간 속의 생(生)

새는 하늘을 날아갈 때 가장 희열을 느끼는 것 같다. 바로 날개를 가진 새의 특성이기 때문이다. 하늘을 날 수 있다는 기쁨은 우주를 한눈에 담을 수 있다는 법열(法悅)인 것이다. 여름 창공을 누비는 새는 즐거우면서도 외로운 것이다. 외롭기에 이토록 열심히 날지 않고는 배겨날 수 없다.

'시간 속의 생'이 담긴 다병은 자연이 낳은 도예품이라고도 말할 수 있다. 그 색채에 있어서나 형태에 있어서 흙이 지닌 속성인 것이다. 그리고 색채와 조형성을 바탕으로 한 흙의 작업인 것이다. 도예란 외계의 형태나 이미지를 변형하는데 그치지 않

내가 흙을 만지는 것도 선택하는 흙의 맞갈이 겉보기에 단조롭기 때문이다. -시간 속의 생

고 자신의 심상과 사상으로 걸러내서 하나의 새로운 개성을 형성화한다. 그리고 보편성을 나타냄으로서 공간에 구체화하는 작업이라고 볼 수 있다. 이러한 작업에는 정돈된 개념을 나타내는 형태와 통일된 이미지를 만드는 조형성이 있다.

2년 전 내가 로마에 도착했을 때의 밤이었다. 성바르도호텔에 여장을 풀고 야경을 보러 시내로 나섰다. 로마 전성기의 유적 카라카라를 지나 애천에 닿았을 때 분수주위를 둘러싼 조각들이 나의 시선을 끌었다. 조명에 빛나는 분수에는 소원을 빌기 위해 사람들이 모여들고 있었다.

이튿날 궁전 꼭대기에 열두 제자 조각상이 서 있는 바티칸 궁전에 갔다. 14세기부터 법왕의 궁으로 사용한 이곳은 미켈란젤로가 그린 천장화와 라파엘의 그림이 장식되어 있다. 브라만데가 만든 장방형의 벨베데레 궁전이 각방으로 연결되어 있으며, 미켈란젤로가 디자인한 줄무늬의 제복을 입은 근위병까지 화려하기 그지없었다. 바티칸 궁 안에서는 박물관과 미술관에 소장된 르네상스미술을 한눈에 볼 수 있었다.

고대와 현대가 공존하는 바티칸 궁전에는 흰 바탕에 다채로운 색상으로 된 이탈리아의 마죠리카 도기가 진열되어 있다. 이 도기는 유럽 도기역사에서 도요지에 대한 지식이 기초가 되었다고 한다. 특히 멧차마죠리카 도요지에서 만들어진 것은 북부 이탈리아의 비잔틴 도기에서 영향을 받았다. 각선(刻線)과 긁어 떨어트리기에 의해 문양을 시문하고 도기의 유약도 부분적으로 녹색과 갈색, 청색으로 시문되었다.

이 요장은 15세기 초부터 만들기 시작해서 15~16세기에 상당히 양산된 곳이다. 그 후 쇠퇴했지만 그 기법만은 18세기까지 남았다. 그 당시 유행한 나뭇잎을 주로 하는 당초(唐草)문양이 사용되어 비잔틴 도기라고 한다.

여기에 있는 도기 중에서 꽃병으로 만든 연질도기가 본래는 마죠리카 도기라고 불렸지만 흰 바탕에 색유가 입힌 도기를 총칭해서 파엔차요장에서 구운 것이라고 말한다. 15세기 초기부터 생산되었는데 15세기 말부터 16세기 초기에 걸쳐 급속히 생산이 늘었다. 그 이후 오늘에 이르기까지 이탈리아의 대표적인 요장으로 불리고 있다.

다음날은 피렌체에 도착해서 두오모사원으로 갔다. 사원 지하 박물관에는 3천 년 전의 토기와 카파죠로요장에서 구운 도기들이 나열되어 있다. 피렌체는 아름다운 자연에 둘러싸인 우아한 도시이다. 르네상스의 중심도시로 문화가 꽃피었던 곳이기에 고전적인 예술의 향기가 그윽한 도시였다. 때마침 박물관에서 메디치가문이 5백 년 동안 수집한 회화그림과 공예, 조각들을 전시하고 있었다. 이 미술품들은 당대의 대가(大家) 미켈란젤로와

레오나르도다빈치, 라파엘이 참여하여 메디치가문을 위하여 제작한 작품들이었다.

피렌체의 근교에 있던 카파죠로요장은 메디치가(家) 일족(一族)을 위해 도기를 구웠다. 그만큼 당시의 메디치가문의 호사함을 잘 보여주고 있다. 이 요장의 도기는 바탕색이 짙은 청색과 적갈색을 붓으로 칠한 도기로써 마죠리카라고 불렸다. 메디치가문 출신의 장군과 교황, 귀족들을 제작한 작품들이다. 도기의 문양도 중앙에 인물과 이야기그림으로, 도기 주변은 갑옷과 무기들로 그려져 르네상스시대의 대표적인 도안으로 한층 우아하였다. 한 가문이 예술을 위하여 수집할 뿐만 아니라 예술가를 아끼며 지원한 것이 긴 세월이 흘러도 역사 속에 남아있다.

메디치가문은 피렌체와 함께 당시 문화의 중심이었다. 특히 꽃병에 그려진 남색과 백색의 문양이 기(器)면에 가득히 짙은 색으로 그려지고 있다. 그 구성에는 당시의 문화의 반영과 사실성이 엿보인다.

고대와 현대가 공존하는 두오모사원은 르네상스의 중심도시로 도기가 꽃피었던 곳이며, 고전적인 예술이 메디치가문을 통해 알려졌다. 시간 속의 생을 만드는 다병은 돌의 표정을 닮은 속에서 디자인과 색채가 화려하였다. 이 다병은 사람의 손에 의해서 얻어진 인공적인 작업의 소산이다.

내가 흙을 만지는 것도 선택하는 흙의 빛깔이 겉보기에 단조롭기 때문이다. 그러나 그 흙을 앞에 두고 오랫동안 있으면 그 속에 빨려 들어가는 느낌이 든다. 흙의 조형미를 최대한으로 살리고 싶은 욕망에서 이미지를 새롭게 정립해 보고 싶었다. 다병에서 나타나는 조형적인 이미지로써 측정될 수 있는 차이와 간격, 자율성을 주며 확립하려고 한다.

하나같이 인간들로부터 잊혀지고 있는 태토(胎土)들이다. '시간 속의 생'으로 만든 다병은 에너지와 잠재적인 힘을 얻고 있다. 나는 그 힘을 잡으려고 하는 것이다. 이 마죠리카 도기도 또한 나를 사로잡았다. 이 도기는 나에게 내면세계 속으로 속삭일 뿐 아니라 거기에 들어있는 정감의 힘이 나를 끌어당긴다.

빛의 흐름 속에

여름은 싱싱하고 풍요로운 계절이다. 8월의 하늘에는 태양이 이글거리지만 산과 들에는 활기가 가득 차있다. 그러나 더위로 지친 몸이 권태롭고 나른해지기도 한다. 그런 여름에 나는 풍차와 튤립, 도기의 나라로 알려진 네덜란드의 데르프드요장으로 갔다. 17세기 황금시대의 모습을 남기고 있는 이곳은 운하의 불빛이 유리처럼 맑고 신비스럽다. 파란 하늘 속으로 튤립과 히아신스 같은 극채색의 꽃들로 서로 아름다움을 겨루는 모습이 마치 동화에 있는 나라 같았다.

나는 호텔에서 출발하여 데르프드요장으로 가는 길에 이곳의

내가 만든 빛의 흐름 속에 전개된
다병은 그림으로 그리거나 형상으로
만들어서 시간 속에 명멸하는 진실
을 건져내고 싶었던 것이다.
—빛의 흐름속에

전원과 어촌의 풍경을 찾아 수상관광을 하였다. 중앙역전의 베르그만 잔교(棧橋)에서 2시간 정도 운하일대를 유람하는 코스였다. 지리적으로 국토의 4분의 1이 해면보다 낮아서 낮은 땅을 말하는 국명처럼 운하가 곳곳에 닿는다. 일부 호텔을 제외하고는 대부분이 17세기경의 건물이었다.

오랜 역사와 전통을 배경으로 고대와 조화를 이루고 유람선과 수상가옥들이 밝은 태양 아래 더욱 기경을 이루었다. 가옥들의 지붕이 교회의 종처럼 되어있고 그 모양 또한 모두가 다르다. 목가적인 중세의 집들과 성벽이 남아 있는 마을이 한층 여정을 바쁘게 해주었다. 집들이 계단의 넓이에 따라 세금이 부가된다고 한다. 그래서 계단이 좁고 높이만 솟아 있다. 이곳의 지붕모양은 쌍둥이 집을 제외하고 모두가 다르게 만들어졌다.

운하 옆으로는 중세풍의 건물들이 16세기경부터 지금까지 이어져 오고 있다. 곳곳에 고딕양식이 크고 작은 여러 형태의 고성들로 이루어졌으며 모두가 중세의 모습을 지니고 있다. 뾰족한 산봉우리로 줄지어 있는 알프스의 산들처럼 끝없이 펼쳐져 인간이 만들어낸 예술이었다. 펼쳐진 강이 청명한 하늘 아래 푸른 바다와 같다. 그 위로 흰 돛을 단 요트들이 줄지어 떠가는 모습은 성벽들을 더 한층 고풍스럽게 만들었다.

작은 돌이 깔린 길과 17세기경에 지어진 건물이 어우러져서 지나간 현대사의 일면을 보여준다. 어디를 가도 도시 전체가 하나의 박물관이라고 해도 과언이 아니다. 요정의 도시로서 르네상스의 중심지로 문화가 꽃피어 예술의 향기가 담긴 곳이다. 시장이 살았다는 집은 다섯 개의 돔으로 이루어져 매우 이색적이었으며 사라센풍이 섞인 비잔티움 건축의 전형적인 모습이었다.

네덜란드도자기라고 하면 데르프드요장에서 나온 도기가 주종을 이룬다. 흰 바탕에 남색자기는 주로 중국문양을 복사한 도기로서 17세기 때 만든 제품들이다. 그 이전 15세기에 스페인과 이탈리아에서 다채(多彩)도기를 만들기 시작하였다. 네덜란드는 유럽에서도 북쪽에 있으므로 중앙의 문화에서 떨어진 장소였다. 초기에는 남색도기가 상당히 뒤떨어져 있었지만 후에는 중국자기를 수입하여 네덜란드 없는 유럽은 생각조차 할 수 없을 정도로 발전되었다.

네덜란느에서 도자기기법이 전해지는 배경은 그 당시 왕족과 귀족들에게 유행처럼 번지는 중국풍의 자기들 때문이었다. 생활품으로서 사용된 식기류와 장식품들, 타일과 건축의 외장용품들의 수요가 엄청나서 수입으로서 도저히 미치지 못할 정도였다. 때문에 요장이 곳곳에 만들어졌고 그중에 데르프트요장이 대표가 되었다. 1620년~1688년 중국자기는 경덕진요장을 비롯하여 생산이 쇠퇴했다. 네덜란드의 동인도(東印度)회사는 전 유럽에 중국 남색자기 붐과는 반대로 중국자기의 수입을 중단하였다.

동인도회사가 중국으로부터 식기류와 함께 남색자기를 수입해서 전 유럽의 귀족들에게 중국풍의 취미를 유행시켰다. 이로 인해 수요에 충당하는 모방품이 필요하게 된 것이다. 데르프트요장에서의 중국 남색자기 모방품은 17세기 중기부터 발전되었다. 모방품뿐만 아니라 네덜란드의 풍경화도 도자기에 그려 넣었다. 도기의 태토는 황색이 있는 흰 흙이고 대단히 가벼운 특징이 있다. 이러한 기물에 주석과 백유를 칠해서 포근함을 느끼게 하였다.

1650년에는 중국의 수출량이 적어졌으므로 일본의 이만리(伊万里)풍이 네덜란드에 전해지게 되었다. 일본도 최초에는 중국의 것을 모방하였지만 차츰 발전되어 일본다운 문양으로 만들어졌다. 이렇게 만든 그릇들이 환영받아 이만리의 색그림과 금채(金彩)를 데르프트요장에서 복사하게 되었다. 그리스신화와 서양초화(草花) 등이 있고, 식기와 촛대, 화병에 풍속인물을 그려서 유럽스타일로 만들었다. 그리고 전통적인 네덜란드의 타일에 배, 초화(草花), 동물, 어류(魚類) 문양을 디자인해서 독특한 유럽풍의 타일이 탄생되었다. 결코 동양풍의 문양을 추종하지 않았다.

내가 다병을 만들기 시작한 것은 전통도예가 지닌 아름다움 때문이 아니라 식기류의 모양에 관심을 가지면서부터다. 잠재적인 조형미를 흙에서 불러일으키고 그러한 것을 토대로 하여 흙을 만지곤 하였다. '빛의 흐름 속에' 다병은 처음에 데생했던 이미지와 다르다. 형태를 만들어가는 과정에서 불의 작용으로 예기치 못한 것이 만들어졌기 때문이다.

만드는 과정에서 언제나 새로운 발견이 나오게 된다. '빛의 흐름 속에'의 다병은 디자인에서부터 시작이 되었다. 조형다병에 있어서 갈라진 부분은 사람의 마음을 움직이게 하는 힘이 있다. 그런데 이 다병은 이도다완(井戶茶碗)으로 알려진 흙으로서 경남 산청지방에서 나온 태토인데 그 위에 붓으로 화장을 시켜서 초벌구이를 하였다. 이러한 태토에 공간의 조화를 이루는 것을 테마로 삼고 있다. 코발트로 기하학적인 선과 문자그림을 날카롭게 갈라진 선으로 만들었다. 1,310도 2차 소성을 해서 불의 심판을 받은 다병이다.

이 다병은 불교의 선(禪)사상과 결부시킨 조형적인 작품이다. 선사상 속에서 화신이 빚어내는 다병은 인간의 의식을 불가사의로 끌어 올리는데 있다. 언제나 인간의 한계를 자각하고 불심과 영의 신비 같은 초월적 의지에 대하여 경외심이 일어난다. 내가 만든 빛의 흐름 속에 전개된 다병은 그림으로 그리거나 형상으로 만들어서 시간 속에 명멸(明滅) 하는 진실을 건져내고 싶었던 것이다.

가을 이야기 속으로

갈대는 소슬바람을 안고 소슬바람은 가을을 안고 있다. 들과 산은 모두 원숙한 풍요를 자랑하고 있지만 갈대는 우수 속에 사색을 한다. 갈대와 더불어 존재한다는 것이야말로 신의 지혜로 창조한 자연미인 것이다. 가을에 피는 갈대는 오만하지 않은 은은한 기품으로 나의 마음을 강하게 사로잡는다.

1987년 9월, 제10회 파리 그랑빠레전에서 조형도예 4점을 출품했다. 그중 한 점인 '가을 이야기 속으로'라는 다병을 냈다. 소재는 갈대와 더불어 묘사한 경남 산청점토로 만든 분청다병이다. 조형다병은 나에게 있어서는 발상의 실마리가 확실치 않았

어느 유곡에서 쓰러진 갈대가 뒤엉켜…
—가을 이야기 속으로

지만 그런 중에서 돌연한 영감을 얻을 수가 있었다. 그것은 어느 유곡에서 쓰러진 갈대가 뒤엉켜 있는 모습과 같은 것이었다. 얼마 정도 시간을 두고 그러한 영상이 이미지로 나타나 어떠한 과정을 거쳐 다병이 되기도 한다. 어쨌든 그렇게 해서 이루어진 다병은 원초적 자연에 바탕을 두었다.

도예작품에 있어서 창조과정이 다 그렇듯이 나의 다병은 전시장에 진열된 모습이 동일하지가 않다. 처음 의도와는 다르게 다병은 위치를 조금만 달리해도 거기에는 새로운 느낌이 나타나기도 한다. 이 다병은 갈대의 느낌을 건져내는 작업이라고 생각한다. 다병은 조각과 같이 파기도 하고 그림같이 그리기도 한다. 어렴풋한 영상에서 실존을 끌어내는 점이 동일하다. 이는 예술의 기초적인 모습이기도 하다.

세느강 줄기를 따라 고풍이 짙은 루브르박물관이 보인다. 세느강의 꽁끄르트다리를 넘어 동쪽은 뛸르디공원에서 루브르 궁전과 서쪽은 샹제리제가, 북쪽은 마드레느 대사원에 이어진다. 루브르 궁전의 미술관은 남쪽의 세느강과 북쪽의 리볼리 거리 사이에 있다. 고대 그리스와 로마부분, 이집트부분, 오리엔트부분, 중세 르네상스 17세기 조각부분, 미술부분과 장식미술관으로 나뉘어 있다.

루이 15세 때, 퐁파도우즈 부인의 화려한 의상과 파도와 같이 휘날리는 갈색머리, 생활용품인 식기류가 인상적이다. 그녀는 43세의 나이로 떠났지만 그 시대를 군림하였을 정도로 왕조차도 그녀가 원하면 들어주지 않은 것이 없었다. 사후에 재산목록을 보면 유화와 판화, 가구와 도자기에 이르기까지 막대한 양이었다. 그녀는 저택에 장식하는 취미가 대단하였다. 그중에서 로코코양식의 도자기를 즐겨 사용했다. 도자기의 다채로운 색채와 유약의 빛은 우아하게 보인다. 그녀는 왕에게 국립도자기제작소를 만들게 했다.

도자기공장이 건설된 세브르는 세느강을 따라서 파리와 베르사이유 궁전 사이에 있다. 루이 15세 때 이 양자를 연결하여 왕이 건널 수 있도록 세느강에 길을 건설하였다. 이 길에 새로운 공장을 1756년에 준공하였다. 건물내부에 왕실 전용의 방과 계단이 설치된 이 공장은 질이 좋은 도자기를 생산하여 상업적으로도 성공했다. 그녀의 이런 노력은 3년 후인 1759년에, 이 공장을 왕실에서 사들여 정식으로 국립도자기제작소가 되었다. 저명한 조각가들이 원형을 공급하여 부인의 취미에 맞는 도자기를 만들어냈다. 종류도 식기, 꽃병, 인형에 이르기까지 다양했다. 퐁파도우즈 부인에 대해 아쉬운 것은 그녀가 죽은 수년 후에 도기가 아닌 자기제작을 했다는 점이다. 그녀 생존시에 제작된 것은 연질도자기와 비스킷 구이였지만, 어떻게 보면 그쪽이 그녀의 취미에 어울렸는지도 모를 일이다.

중세기 프랑스 도기는 다른 유럽과 같이 비잔틴계라고도 말한다. 14세기말 이탈리아의 르네상스 문화가 알프스를 넘어서 프랑스에도 전해졌다. 주석과 백유바탕의 다채(多彩)도기 기법인 이탈리아의 마죠리카 도기가 남프랑스에 전해졌다. 이탈리아에서 옮겨 온 도공들에 의해서 요장이 만들어져서 마죠리카풍의 도기생산이 시작되었다. 1442년에 궁전에 가마를 만들었고 프랑스풍의 타일이 마죠리카 타일로 되어서 크게 유행했다.

17~18세기 프랑스 전 지역에 주석과 백유바탕의 다채도기를 만드는 요장이 만들어졌고, 당시 르네상스풍의 독특한 부조(浮彫) 도자기까지 선보였다. 1740년부터 세브르요장이 자기제작에 성공했다. 이 가마에서는 질이 높은 도자기를 만들어서 왕립자기공장이 되었다. 여기서 만든 연질자기가 전 유럽에 유행했고 1759년에 국립세브르자기제작소가 된다. 그리고 로얄포세련이라는 이름을 붙여서 왕의 현납품까지 만들었다. 특히 루이왕가를 대표하는 청색, 홍색, 녹색, 황색의 바탕에 희게 칠해 축하문양을 그렸다. 그것을 금채(金彩)로 선(線)장식을 한 제품이 그 당시 세브르요장의 대표적인 것이었다.

이 요장에서 만든 제품들은 르네상스풍을 반영한 독특한 조각이었다. 파충류과 어류(魚類), 식물과 인물을 실물에 가깝게 부조해서 다채(多彩)로운 유약으로 시문하기도 했다. 특히 단색화(單色畵)자기에서 볼 수 있는 유약이 한층 미묘한 맛을 풍겼다. 이 자기는 중국풍의 당초문양에 그리스풍의 목가적인 꿈을 더해 우아하게 보이기도 한다.

기분 내키는 대로 놀고 즐기기를 잘하고 그러한 데에 우수한 재능을 가진 사람들이 로코코 사람들이다. 그중에서도 퐁파도우즈 부인이 대표적이었다. 오늘의 프랑스 도자기 원류는 그녀에게서 시작되었다고 볼 수 있다.

도시의 그림자

독일은 괴테의 고향인 프랑크푸르트와 전설로 낯익은 로렐라이의 바위가 있는 라인강, 그리고 마이센요장으로 이름나 있다. 이곳 여인들은 동적이면서 검소해 보인다. 사색에 잠긴 듯한 표정들은 마치 철학의 나라다운 데가 있다. 구시가지를 중심으로 마인쯔에서 코블렌쯔까지 라인강을 내려가는 코스는 장장 1,320 킬로에 이른다.

연안에는 로렐라이의 명승과 더불어 수많은 고성과 포도밭이 펼쳐져 있다. 이 라인강은 독일에서 대동맥과 같이 교통의 수단이 되고 있다. 양쪽 육로 55킬로 지점에 로렐라이가 있는데 높

자연과 인간의 끝없는 관계를 유지하는...
— 도시의 그림자

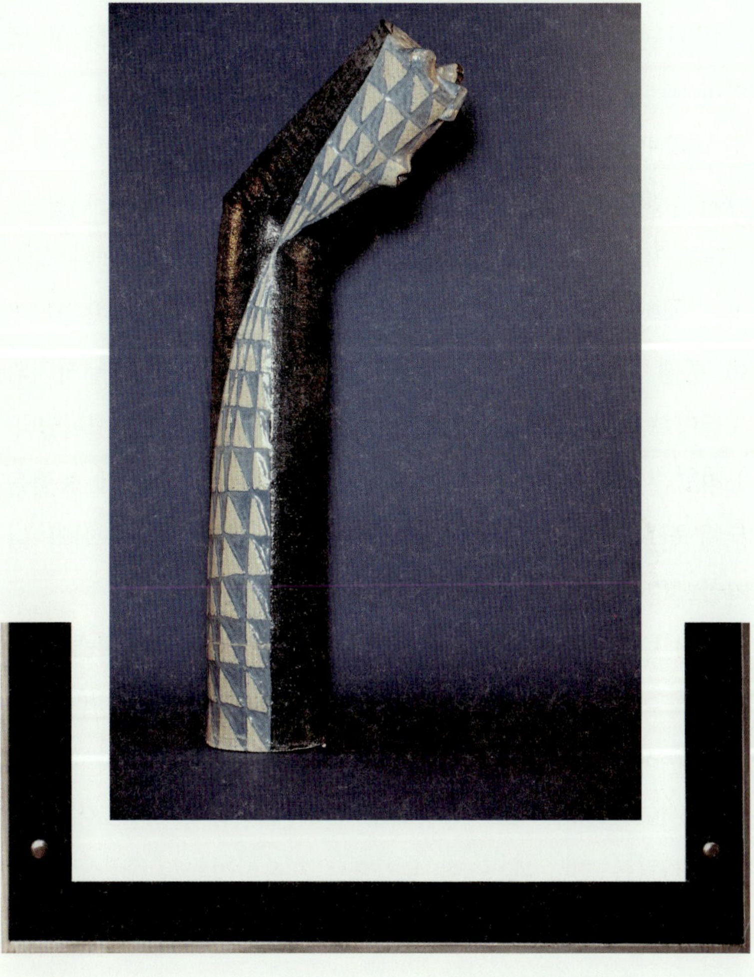

이는 133미터이다. 산과 언덕의 기복이 심하며 많은 사람들이 로렐라이 노래를 부른다. 이 바위에 이르기까지 강 양쪽에는 중세의 집들과 성벽이 있어 신비적인 옛이야기로 얽혀있다.

1981년 10월, 부산호텔 화랑에서 제10회 개인 도예전을 열면서 영상시리즈 50점을 선보였다. 그중에 다병 '도시의 그림자'도 출품했다. 주로 조형적으로 다룬 작품들이다. 그리고 그것은 나에겐 하나의 전환점이 되기도 하였다. 그때까지 10여 년간 도예품을 창조해 왔지만 항상 느껴온 것은 조형적인 구성이 약하다는 점이었다. 그래서 조형적인 힘을 가지는 실험을 시도한 것이 주된 테마이기도 하다. 나의 다병을 본다면 1979년까지의 작품경향이 자연을 부정한 데에 대한 공간에 관한 다병이었다. 그리고 자연과 인간의 끝없는 관계를 유지하는 신비함에 중점을 두게 한 것이다. 더 나아가서 전통예술과 현대예술, 회화와 디자인의 언밸런스 속에서 창의적 조형을 만들고 싶었다.

이번 다병의 성형에 있어서는 틀에 박힌 전통적인 형태의 되풀이가 아니다. 대담하고 기발한 성형방법에 의한 코일로 말아올린 손작업이다. 이 형태를 누르고 구부려서 점토를 붙이는 변형을 시도하였다. 이도다완이라고 불리는 경남 산청점토에 철광석의 가루를 칠한 후에 재 유약으로 시유하여 고온에 소성하였다. 조형다병인 '도시의 그림자'는 정신과 마음의 여유를 갖고 싶었다. 그러한 마음가짐은 나 자신의 표현인 것이다.

라인강 입구를 지나 왼쪽으로 샛길로 접어들면 바로크양식의 건물이 보인다. 주위에 둘러 서있는 상점에는 마이센요장에서 구워낸 5명의 현대작가들의 작품들이 전시되고 있었다. 독일의 도자기는 도예가는 물론 조각가, 화가가 삼위일체가 되어 작품을 만들어낸다. 시대를 앞서는 성형가 쩨프나씨를 비롯하여 조각가 지에도랑크씨, 그리고 도자기 그림을 그리는 비에루나씨가 만든 작품들이다.

이 상설 전시장에 전시된 5명의 작품은 기형과 디자인, 색채가 아름답다. 그 아름다움이 나의 마음을 휩쓸고 있었다. 다채로운 조형의 항아리가 눈길을 끈다. 색도 어느 한 면을 보아도 모두가 살아 움직이는 듯하다. 마치 로렐라이의 혼이 깃든 듯 전설의 생생한 감정이 일어난다. 아몬드나무라는 이름의 식기세트는 백자에 암갈색 빛과 빨강, 파란색의 점묘를 더한 아몬드나무가 그려져 있다. 조형가인 제프나씨와 화가인 비에투나씨의 공동작품인데 이것은 乾山(가와기야마)의 槍梅(야리우메)의 그림이었다.

동양의 풍취를 느끼게 하는 마이센자기의 색깔 그림은 5명의 작가들이 모두 붓으로 그린 그림이다. 그들은 초창기에 있어서, 마이센가마와 아리다자기와의 깊은 관계를 알 수 있게 한다. 야리우메적인 모양을 보면 천부적인 재능과 비판정신이 폭넓게 스며있음을 알게 된다. 미(美)를 추구한 노력이 마이센자기를 발달시킨 것이다.

마이센요장은 15세기말부터 도자기를 만들기 시작했다. 이것은 도기보다는 단단하지만 자기는 아니다. 점토는 규산분이 많은 흙이고 1,200도 정도에서 소성한다. 온도가 최고로 되었을 때 가마 상부에 열려진 구멍으로부터 염화나트륨을 다량 투입한다. 점토 중의 아루미나가 합해서 유리로 된다. 기물의 표면에 엽갈색의 유약이 쌓여지도록 한다. 이 수법의 도기는 라인강 하류인 키에르시에서 만들어졌다.

17세기는 식기류의 남색자기가 많이 생산되었다. 독일 도자기는 네덜란드 도기와 비교하면 중국문양과 성서이야기, 그리고 문장(紋章)을 사용하면서 선이 굵다. 이 시대는 유럽 전 지역 사람들에게 있어서 중국자기는 선망의 대상이었다. 1709년 1월에 마이센요장에서 처음으로 자기 같은 도기를 만들어냈다. 중국의 이싱(宜興)요장에서 만든 자사도(紫砂陶)처럼 주황색에 유사한 것이었다.

1717년에는 마이센요장에서 중국풍 자기를 만들었다. 초기에는 주로 중국자기의 조소(彫塑)와 남색자기를 복사했다. 그 후 일본의 이만리(伊萬里)요장에 나온 가키에몽(柿右衛門)풍의 색그림도 복사하였다. 1732년 겐드라풍은 크기가 1미터나 되는 거대한 동물상과 동양인물상으로 궁전장식을 위하여 만들어졌다. 그 후 소품을 만들어서 프랑스적인 우아함이 있었다. 그 당시 전 유럽은 켄드라풍과 함께 조개모양 같은 로코코풍이 유행하기 시작했다. 마이센요장의 목가적이고 궁전 인물상 도자기가 전 유럽에 퍼졌다. 18세기는 마이센요장이 선도적인 입장을 갖고 전통을 지키며 오늘에 이른다.

나는 숲과 호수, 마이센요장이 어우러져 있는 로렐라이 언덕을 천천히 올라갔다. 호수에 잠겨있는 고성에 바로 마이센자기의 역사가 흐르고 있었다. 그것은 로렐라이의 노래가 사람의 마음을 휘어잡는 것같이 느껴졌다.

잃어버린 꿈을 위하여

런던은 대부분이 구릉과 산악지대로 되어있다. 교외의 풍경도 평화롭게 펼쳐진 언덕이 전원적이며 목가적이다. 오늘날 런던은 테임즈강과 더불어 11세기경부터 세계의 바다를 지배했던 대영제국으로서 역사와 전통이 살아있다. 일찍이 영국의 영화(榮華)를 대변하는 대영박물관이 이오니아식 건축양식으로 세워져서 전통을 그대로 간직하고 있다.

18세기경 영국에는 차 마시는 것이 유행되어 독일과 중국으로부터 질 좋은 차 주전자가 수입되었다. 당시 차를 마시는 취향이 영국 도자기를 세련되게 만드는 결과가 되었을 뿐만 아니라,

회화와 디자인의 언밸런스 속에서…
– 잃어버린 꿈을 위하여

제품 또한 뛰어나게 하는 원인이 되었다.

영국은 일본과 닮은 데가 있다. 도자기에 관해서도 처음에는 외래의 기법에 의지하면서 그 후 대단한 발전을 이루었다. 영국인은 대부분 도자기를 좋아하는 편이다. 18세기 이후의 영국요장은 각종 도자기가 저마다 특징을 갖고 생산되었다. 마치 일본의 에도시대, 일본 전 지역에 걸쳐서 다종다양(多種多樣)한 것이 만들어진 것과 비슷하다.

14~15세기에는 기(器)면에 점토를 칠하기도 하고 줄무늬를 붙여서 변화를 주었다. 그리고 손잡이 달린 얼굴모양의 술잔에 점토를 붙어서 유머러스하게 만들었다. 부드러운 도자기 흙을 사용하여 엷게 만들고 그 위에 흑갈색의 유약을 칠했다. 영국이 유럽 도기와 다른 것은 스립웨어(slip ware)이다. 17세기에는 스립웨어가 발달되어 독특한 장식이 유행했다. 백, 흑, 갈색(白, 黑, 褐色)과 색이 다른 것을 나누어 사용했다. 크림모양으로 된 점토를 튜브 끝에서 반 정도 짜내서 기면에 문양을 만든 것이다. 따라서 선(線)그림에 의한 선이 조금 부풀어 올라와 있는 것이 독특한 느낌이 있다. 기물은 대소의 접시, 주전자, 컵, 촛대 등에 영향을 주었다. 17세기에 들어와서 주석과 백색유약에 남색자기가 영국에서도 구워졌다.

죠사이아는 1759년 바스네므에 웨지우드공장을 창설하였다. 당시 로코코양식에 맞는 나뭇잎과 야채의 형태로 장식을 하여 맑고 투명한 초록색 유약으로 크림색 도예품을 만드는 데까지 이르렀다. 그러나 웨지우드의 작품 중에서 가장 유명한 것은 쟈스파(벽옥) 도예품이다. 이 작품을 성공하기까지는 천 번 이상 실험을 하여 만든 것으로서 도예의 원조라고 한다. 쟈스파도예는 자기에 가까운 반투명의 흰 동체를 갖고 그 위에 코발트와 그 외의 색도 착색(着色)할 수 있는 것이다.

웨지우드는 유럽의 고전에 깊은 관심을 갖고 있어서 당시의 특수한 것만을 만들어냈다. 그때 고대 그리스와 로마보다 뛰어난 보물로 포트랜드항아리가 명기로 알려지게 되었다. 이것은 유리로 된 항아리다. 거의 흑색에 가까운 짙은 남색 바탕 위에 유백색 불투명한 글라스에 카메오기법으로 고대신화가 부조되어 있다. 형태는 목 부분부터 어깨부분까지 좌우로 수직 손잡이를 지닌 그리스의 앙포리형이다. 제작연대는 기원전 1세기 후반경으로 추정되는 작품이라고 한다.

이 항아리의 그림은 그리스의 신화 중에 베네우스와 바다여신 테데이스가 묘사되어 있다. 중앙의 돌계단에 앉은 것이 테데이스여신 왼쪽 남성이 베네우스로 보인다. 반대쪽으로 뱀을 품은 테데이스 위에 은활을 든 에로스, 그 오른쪽에는 바다의 신인 포세이돈이라고 하는 제우스이다. 신화에는 베네우스와 테데이스의 혼인에 초대되지 않았던 에리스여신이 복수를 하기 위해 황금의 사과를 신들에게 던지고 여신 헤라와 아테나 그리고 비너스가 서로 다투었다. 이때 파리스는 여판사가 되었다. 파리스는 아프로디테에게 사과를 주고 미녀 헤라를 빼앗아 트로이 전쟁을 일으켰다.

이러한 신화를 만든 카메오기법이 글라스항아리에 장식된 인물, 수목의 입체감이 넘치는 섬세한 사실적 표현은 놀랄 만하다. 이 항아리는 포트랜드백작이 소장하고 있다가 그 후 대영박물관에 보존되어 있다. 웨지우드는 그 항아리를 백작으로부터 빌려서 1786~90년간 복사하는 작업을 했다. 이 작업이 웨지우드의 명성을 만드는 계기가 되었다. 이것이 영국 공예계에서 신고전양식의 밑바탕이 되었다.

1683~1757년, 영국에서 최초로 연질자기가 만들어졌다. 이 연질자기가 바로 본차이나의 수법이다. 소성온도가 1,100도 정도이다. 18세기 후반기에 수입한 자기 흙에 뼛가루를 넣어서 만든 연질자기인 본차이나는 18세기에 크게 발달했다.

1983년 11월, 서울 샘터화랑에서 흐름시리즈 60점으로 도예전을 열었다. 그중 다병으로서 '잃어버린 꿈을 위하여'였다. 나는 이 무렵 태토와 유약, 소성온도에 대한 실험으로 도예창작에 새로운 진로를 개척하고 싶었다. 항아리와 병, 그릇이 주가 되는 이 작품전은 나에게는 13번째 개인전이기도 하였다. 이러한 나의 도예전을 본다면 1979년까지의 작품경향이 자연을 부정한데 대한 공간에 관한 시리즈들이었다. 지금은 자연과 인간의 끝없는 관계를 유지하는 신비함에 중점을 두고 있다. 더 나아가서 전통예술과 현대예술, 회화와 디자인의 언밸런스 속에서 창의적 조형도예를 추구한다.

우리들의 의식에는 일정한 도자기개념이 있다. 일종의 그릇이라고 보는 견해이다. 전위적인 사람들의 경우에 조형도자기를 만들면서 전통도자기에 대한 반발을 나타낸다. 나의 다병인 '잃어버린 꿈을 위하여'도 이러한 전통도자기를 벗어나 새로운 것에 도전하고 있다. 문경의 태토에 망간계의 산화물을 칠해서 1,310도에 구운 검은 다병이다.

그렇다고 전통에서부터 완전히 벗어나게 할 수는 없었다. 그러나 전통이 어떤 의미에서는 창조가 되는 계기를 만들어 수는 원동력인 것이다. 나는 때때로 좋은 작품을 보면 거기에 감동을 받는다. 언제나 현재대로가 아니고 항상 전진하는 변화를 추구해 나가고 싶을 뿐이다.

3.
시간이 흐르는 짜임새로

흔들리는 마음

1990년 9월에 나는 쯔보우도자예술제에 참석한 후, 덴마크에서 로얄코펜하겐요장을 찾았다. 코펜하겐의 티볼리공원은 옛날부터 문화의 중심지였고 지금도 콘서트홀과 야외극장이 있어서 여러 분야의 예술가가 많이 참석하고 있다. 궁전과 미술관이 여기저기 흩어져 있고 아름다운 전원풍경이 펼쳐져 한눈에 들어온다. 로코코풍의 아마리엠보성과 게피온의 분수, 인어공주의 조각상은 한층 감명 깊다.

근교에 있는 크론보르그성(城)은 셰익스피어의 최대 명작인 「햄릿」에 나오는 성의 모델이 되었기에 더 알려져 있다. 셰익스피어 자신이 성 한 모퉁이에서 남포등을 켜고 이 희곡을 썼다고 한다. 이 성은 1574~1584년에 걸쳐 세운 고딕건축이다. 하늘을 수직으로 하고 그 힘을 전개한 모습과 삼각형의 부조 벽을 만든 지붕이 특이하다. 4층으로 된 내부 벽면이 수평으로 보이고 층수가 내려갈수록 단순하게 만들어졌다. 가는 기둥과 지벽만이 남아 있지만 고딕건축의 장식과 공간을 조화시켜 주고 있다. 한가운데는 소원을 기원하는 샘이 있고 여기에 온 관광객은 동전 한 닢을 던지고 소원을 빌기도 한다. 옆에 있는 로얄코펜하겐요장에서 도예가인 에드워드 에릭센이 만든 인어공주의 도자기를 팔고 있었다.

인어공주상은 백토가 지닌 특징을 살려서 미끈한 형태로 만든 도조상이다. 이 상은 전체적으로 통일감을 주는 모습이 아름다웠다. 기괴한 모습으로써 갈색과 회색, 연두색으로 유약을 흘려서 세련된 인상이다. 화려하지는 않지만 유약의 미묘한 색채가 변모해 가는 형태가 민감하게 드러나고 있다.

로얄코펜하겐요장은 200년 이상의 전통을 자랑하는 요장이다. 지금까지도 왕실사람들에게 사랑을 받고 애용되고 있다. 이곳은 1775년에 덴마크의 뮤라섬에서 나온 양질의 카오린을 사용해서 경질자기에 성공했다. 1789년부터 푸로라다니카의 제작이 시작된 후, 역대 국왕의 탄생일과 왕가 결혼식 같은 특별한 기회에만 사용되기도 하고 지금은 궁전에 진열되어 있다. 로얄코펜하겐의

유약으로 그린 그림은 일련의 흐름과 움
직임의 속도에 따라 살아 있는 도예를
만들려고 애를 쓰고 있다.
—흔들리는 마음

특징은 독특한 코발트색상이다. 창립 이래 지금까지 제작되고 있는 테블웨어가 대표이며 인기가 가장 높은 제품이다. 이 웨어의 그림은 중국의 당초(唐草)문양에 변화와 개성을 주고 있다. 그림을 그리는 도공은 한 사람이 처음부터 끝까지 정밀한 붓으로 그려낸 후 그릇 뒤쪽에 사인을 한다.

이 요장에서 나온 한 장의 도판이 명품으로서 대접 받으면서 그대로 장식접시가 되어 벽에 걸리게 된다. 1908년부터 지금까지 매년 다른 그림모양을 그린 크리스마스도판을 발표하고 있다. 년 호가 새겨지고 한정 생산으로 팔고 있다. 일본에서도 이 도판 수집이 유행하고 있다. 매년 한 장식 모아서 그릇으로 사용하고 또 기념품으로서 벽에 걸어 놓는다.

산동의 쯔보우시에서 열린 중국 쯔보우 도자예술제에 초청도예가로 작품을 낸 일이 있다. 나는 이에 앞서 4월에 중국신화사의 초청을 받아 강서성 이싱시의 도자예술제에도 참가한 바 있다. 약 천 년 전, 진시대부터 도자예술이 발달한 중국에서는 지방마다 다른 특색의 도자기가 만들어져 왔다. 그중에서도 산동과 이싱은 도자예술이 더 발달된 곳이다.

이싱은 적토(赤土)로 이름난 곳이다. 산동성의 쯔보우도자예술제는 중국의 도자전통을 바탕으로 도자산업을 활성화시킨 곳이다. 내가 출품한 작품은 도예품 4점인데 다병으로서 그 제목은

'흔들리는 마음'이다. 나는 쯔보우도자예술제에 참석한 후, 북경 중앙공예미술대학에서 현대 도예기법에 관한 초청강의를 했다. 내가 시도하고 싶은 것은 도자에 회화를 도입하고자 하는 것이다. 조선조에 나타난 문인화(文人畵)처럼 분방한 기풍을 받아들이면서 선과 덩어리, 색채에 주력했다. 이러한 나의 그림 속에는 문인화가 뒤섞인 것같이 보인다.

나는 도자기를 만들기에 앞서 어떤 형상을 머리에 그린 후에 추상적인 밑그림으로 그려본다. 때로는 머릿속에서만 그리는 일도 있다. 그림은 거의 상상의 도안이며 새로운 것으로 변형시켜 본다. 이렇게 해서 마음속에 자리 잡은 그림을 바탕으로 마음껏 흙으로 빚어낸다. 유약으로 그린 그림은 일련의 흐름과 움직임의 속도에 따라 살아 있는 도예를 만들려고 애를 쓰고 있다. '흔들리는 마음'의 다병은 하나의 선이 빠르고 느린 굴곡들이다. 그러한 모든 것이 회회와 스케치, 조각의 통합제가 된나.

이 다병은 나의 삶의 발자취와 작품세계를 하나로 묶어놓은 통합체라고도 할 수 있다. 대개 사람들은 채색하는 과정에서 도자기에 그린 그림은 동양화가만이 하는 것으로 생각한다. 조각에서는 데생과 채색이 되는 단계가 필요하지만 '흔들리는 마음'에 있어서는 그 점을 일단계로 끝냈다. 이러한 다병은 불꽃에 의해 독특한 색상을 만들어낸다.

도자기에서 색채와 바탕의 질감은 반대가 되는 경우가 있지만 하나의 면과 그 위에 놓인 선이 서로 조화를 이루면서 만들어진다. 이러한 다병은 우연한 것이다. 지각에 의해서만이 잡힐 수 있는 문양이 선(線)으로 나타난다면 나는 그 선을 그림으로 표현하려 했다.

흙으로 빚어내는 작업을 하다보면 끊임없이 조형성을 탐구하게 된다. 나는 최근 무기교적인 도자의 흥미를 인어공주 도조상에서 느꼈다. 무기교라 함은 복잡 다양한 것을 표면에 나타내지 않으면서 기교를 느끼게 한다. 그러나 도자기는 불에 의해서 여러 가지 형태로 나타난다. 불꽃도 풍부한 표정을 가지고 있기에 자기의 생각을 솔직하게 드러내어야 한다.

어떤 날

도자기는 음악이나 무용보다 직접 자연과 가까운 관계에 있다. 악기나 물건에 의해 표현되는 점이 흙을 소재로 쓰는 도자기와 차이가 있다. 인간의 정신적 행동은 도(道)이지민 그것에 이르기는 어려운 일이다. 사람들은 이런 일에 매달려 헤어나지를 못한다. 과거와 미래에서 현재 서 있는 자신의 실재만이 도라는 생각을 해 본다.

다뉴브강은 볼가강에 이어 유럽 제2의 큰 강이며, 흑해로 유입되는 국제하천이다. 다뉴브강 연안에는 비엔나와 부다페스트, 베오그라드라는 도시가 있으며 총길이 286킬로미터에 이른다.

부다페스트는 동유럽의 강국으로 중세기말경부터 독자적인 문화를 꽃피웠다. 2차 대전 때 헝가리 전체가 전쟁터로 변했다. 그리고 1945년 봄에 재건된 도시이다. 나는 관광버스를 타고 낭만이 깃든 다뉴브강 주위를 돌았다.

다뉴브강 길섶에는 보리수와 플라타너스가 양쪽으로 늘어 서 있다. 부다페스트는 다뉴브강을 사이에 두고 서쪽 부다와 동쪽의 페스트가 합쳐져 이루어진 도시이다. 부다는 13세기 아르파드왕조 이후 왕궁이 있는 지역으로 중세유럽의 도시로 불빛이 찬란한 번화가이다. 이 두 지역을 합쳐서 부다페스트라 부른다. 동구의 어느 나라보다 사람들의 얼굴에 생기가 넘쳐 보인다.

겔레르트 언덕을 내려와서 마차시 교회 옆에 있는 국립박물관에 갔다. 미할리포락크가 1839년부터 1846년까지 7년간을 걸쳐서 만든 네오크라식 건축물이다. 계단은 원형홀로 되어있고, 프레스코벽화는 아시아로부터 이주해서 1848년까지 헝가리의 역사를 만들어낸 곳이다. 그리고 박물관 안에는 화려한 채색자기들이 장식되어 있다.

16세기 후반 이후 질이 좋은 중국 청화백자와 빨강 그림자기가 유럽에 수입되기 시작한 후 왕후와 귀족, 부자들이 수입된 도자기를 구해서 장식하는 즐거움을 가졌다. 중국자기의 수집은 그들 사이에 일종의 붐이 되었다. 17세기 후반부터는 일본의 아

이미지는 표면 안쪽으로 넓어져 강처럼
변해간다. 나의 시선은 화면의 표면을
방황하고 있는데도 불구하고…
—어떤 날

리다자기도 중국자기와 함께 유행되었다.

독일, 네덜란드, 프랑스, 영국의 여러 요장에서 중국과 일본의 빨강 그림자기를 모방한 도기가 만들어졌지만 우수한 자기를 만들지는 못했다. 그러나 18세기 초에 독일의 마이센요장에서 만들어냈으며, 이곳에서는 유럽식 그림도안 뿐만 아니라 당시 유행된 중국자기와 빨강색으로 화려하게 그려진 일본도자기도 받아들이고 있었다. 그 후 비엔나요장에 전해지고 서서히 독일요장으로 확대되었다. 이러한 자기들은 프랑스와 영국의 왕후와 귀족들을 자극했고, 세브르요장에서도 정교한 자기가 나오게 되었다.

영국에서도 보우요장에서 백자와 빨강 그림자기가 만들어졌다. 18세기는 유럽의 로코코시대였기에 부드럽고 정감적인 일본자기를 좋아했다. 18세기 후기, 신고전주의가 일어나서 고전적이고 우아한 자기로 기울어졌다. 이때의 북유럽에도 요업이 넓혀지고 덴마크의 코펜하겐요장이 설립되고 이어서 헝가리에서도 이런 영향을 받아 도자기를 굽게 되었다.

헝가리 헤렌드요장에서 만든 자기제품들은 프랑스에서 수입한 고령토에다 장석과 석영을 혼합하여 만든 경질자기(1,300도~1,400도)들이며, 수작업으로 화려한 그림을 그리고 금빛으로 도색한 생활 자기들이다. 1840년, 예술적인 요소를 가미한 자기제품은 빅토리아여왕과 왕실에서 중국스타일의 나비와 꽃줄기가 그려진 디너세트를 빅토리아양식으로 불렀다. 헤렌드요장의 창시자 손자인 예노파르카슈하는 도예가로, 외국공장에서의 경험을 바탕으로 전통방식에 새로운 양식을 추가한 헝가리의 제품을 만들었다. 1948년에 공장은 국유화되었다가 1993년에 공산주의 몰락으로 사유화되었다. 당시 오스트리아의 함스부르그왕가에 속하던 공장은 헝거리헤렌드라는 자기브랜드로 만들었다. 제품들은 자기로 만드는데 있어서 예리한 칼로 섬세하게 도려내는 투각법과 점토를 실타래처럼 만들어 형태를 짜 올라가는 세공법이 특징이다. 문양에도 꽃과 과일, 나비들로 그려진 동양적 기법이었다.

이 제품들은 중국풍의 문양과 흰 바탕 위에 남색으로 그림을 그린 제품이 유행했으나 점차 사라지면서 화려한 색채와 금채장식의 일본풍이 주류를 이루었다. 초창기는 동양적 풍을 담은 채색자기가 점차 헝가리의 독자적인 디자인으로 시작하여 현대에 이르기까지 이어지고 있다.

자작나무 가지가 우산처럼 펼쳐져, 천년의 세월 속에서 검푸른 숲이 언덕 일대를 덮었다.

부다페스트는 해가 지지 않고 한밤중에도 태양이 있어서 백야를 이루는 곳이다. 중세풍의 옛 건물과 사원, 여러 형태의 고성들이 화려하게 남아 있다. 다뉴브강 일대에 들어서 있는 푸른 산이 나지막하게 좌우로 펼쳐진다. 아귀다툼을 하는 속에서 세월을 엮듯이 강은 인류의 역사를 품고 유유히 흘러간다. 공산이념에 맞서 희생된 수천만 명이 고귀한 자유의 물결이 되어 흐른다. 지금은 공산이념이 무너지는 소리와 함께 잃어버린 세계에 대한 향수가 엿보인다. 인간이 상실하고 있는 본연의 심성이 다시 되살아나려고 하는 것처럼 느껴진다.

1986년 12월, 부산일보사 주최로 한 도예작가 10인전에 조형도예와 다병(茶瓶)을 출품했다. 다병은 '어떤 날'로 만들었다. 그 다병에서는 상상력과 구상력을 얻을 수 있는데, 마치 창살과 같은 것에서 하나의 광경이 펼쳐진다. 원근법이 무한한 거리를 가능하게 하였던 것은 표면에 환상의 세계를 이루고 있기 때문이다.

파란 하늘처럼 맑은 다뉴브강에서, 밀려오는 나의 환상의 날개가 날아가는 이미지로 채워진 다병이다. 이미지는 표면 안쪽으로 넓어져 강처럼 변해간다. 나의 시선은 화면을 방황하고 있는데도 불구하고 마치 그림속의 산책길처럼 느껴진다. 여기에 흙이 가지고 있는 가능성과 그 잠재력인 세계에 순수한 마음이 부딪혀서 새로운 다병이 만들어졌다. 이 다병 속에서 유기적 사고와 무기적인 물질을 합하여 새로운 구성을 하는 것이다.

잠깐 동안의 설레임

저녁 야경의 세느강을 산책하였다. 날씨가 쌀쌀하여 거리에 다니는 사람들이 털코트를 걸치고 있다. 나는 가을 옷뿐이어서 추위에 떨 수밖에 없었다. 상제리제를 벗어나 세느강을 도는 배를 예약했다. 양측으로 펼쳐진 야경을 보니 고풍스런 풍광과 파리 젊은이들의 사랑이 강줄기를 따라 흐르고 있다. 야경은 어딜 가든지 가로등이 휘황하며, 상점들은 물건을 팔지 않아도 조명을 켜놓는다.

1987년 9월, 제9회 신구상 파리 그랑빠레전에 '잠깐 동안의 설레임'인 도예 4점을 출품했다. 이 전시장에서 세느강 줄기를 따라 가면, 고풍이 짙은 노트르담 대성당이 있다. 나는 높이 솟은 기둥과 웅장한 모습으로 장식된 고딕 건축물의 사원에서, 꼽추와 미녀 무희가 등장하는 빅토르위고의 소설이 떠올랐다. 이곳은 완공까지 2백년이 걸렸다고 한다. 성당의 내부와 외벽에는 세밀한 부조조각들이 만들어져 있으며, 작은 성인상마다 표정이 살아있는 사람처럼 생생하여 신기하기만 했다. 높게 솟은 종탑의 아랫부분을 분산시키기 위해 벽면에 스테인드글라스로 만들었다고 한다.

사원 안은 어둡지만 스테인드글라스를 통해 화려한 색깔의 빛이 굴절되어 들어오고 있다. 마침 해질 즈음이어서, 파리의 노을풍경이 예술적으로 보이며 그 자체만으로도 사원은 멋지다. 높은 천장과 넓은 공간, 은은하게 퍼지는 향냄새가 경건해지면서 꿈을 꾼 듯 신비한 느낌에 싸인다. 그리고 인간이 감히 범접할 수 없는 공간을 만든 것에도, 거대한 규모와 화려함으로 꾸며진 장미창의 스테인드글라스가 예술로 살아 숨쉬는 것 같다.

지앙도자기 공장은 파리에서 르와르강 줄기를 따라 160킬로미터 정도 떨어진 곳에 아담한 마을을 이루고 있다. 이곳은 유럽인들에게는 생활도자기의 산지로 알려져 있다. 약 180년에 가까운 역사와 전통을 말하는 지앙의 생활도자기는 세기를 거듭하면서 새로운 명품으로 자리 잡았다. 지금은 프랑스뿐만 아니라 위대한 도예가는 자기 생애를 통하여 인류가 닦은 예술의 역사를 환상의 세계로 끌어 올려서 잠깐 동안의 설레임에 파묻힌다. 나도 그런 희열을 맛보게 된다.

– 잠깐 동안의 설레임

유럽 전역과 아시아 쪽으로 판매량을 구축하고 있다고 한다. 이곳은 일반 생활자기를 수작업으로 생산하며, 지앙도자기만의 전통이 있다.

1821년 토마스 훌름은 영국의 파이앙스제조법을 프랑스에 소개하였다. 파이앙서리 지앙은 루와루강가에서 지앙도자기 공장을 창업했다. 손으로 그리는 선과 꽃문양 장식법을 개발하여 1839년 만국박람회에서 처음으로 수상을 받았다. 실용적인 제품부터 도예품까지 다양하게 생산하였다. 이 시기는 유명한 화가와 조각가를 초대하여 새로운 모양과 장식을 개발하면서 네덜란드의 데르프트와 이태리의 르네상스기법까지 그대로 유지하였다.

지앙은 제작형태를 수공과 현대화 기계를 이용하였다. 1850년부터 생활도자기의 현대화에 힘입어 다양한 색깔로 변형된 자기와 장신구들이 생산되었다. 이 도자기에 전사지기법으로 그림의 본을 떠서 생활자기에 부착해서 그림의 본만이 남게 하는 방법을 사용했다.

1865년부터 디럭스테이블용 식기에 문장과 숫자를 넣어 생산함으로 더욱 유명해졌다. 그리고 1,200도에서 구워 자기류의 강도를 유지했다. 화가들이 붓으로 직접 그리는 도자기들은 오랜 단골들에게만 주문을 받아 희소가치성을 만들었다.

귀족들은 식기에 가문을 대표하는 문양과 함께 병기들을 그리도록 주문하여 가문을 돋보이게 하는 계기로 삼았다. 이러한 주문은 프랑스의 왕궁과 유명한 가문뿐만 아니라, 벨기에, 스페인, 헝가리, 이태리, 네덜란드, 러시아 등 유럽 각국으로 확대되었다. 19세기 말부터 일반사람들도 무기와 문장을 넣은 식기들을 주문하였다.

1984년에 피에르 조프로와는 108명의 종업원을 지닌 파이앙서리 지앙을 인수하여 오늘의 지앙도자기 공장을 만들었다. 세기를 지나면서 예술 파이앙스와 전통 파이앙스로 세계적으로 알려진 국보가 되었다.

경덕진에서 만든 백자는 오랫동안 인기가 있었다. 도자기를 광동으로 운반하여 서양화에 따라, 그림을 그리게 한 후에 채색 도자기를 만들어 서양 상인에게 팔았다. 그들은 노동자를 고용하여 그림훈련을 시키고, 경덕진에서 만든 백자를 운송한 후에 서양 상인들의 주문을 받는다. 주문을 받은 후에 2차 가공으로 채색을 하는 것이다. 성경에 나오는 이야기와 군주의 두상, 서양의 풍경이 많았다.

중국 상인들은 서방인들에게 익숙한 곡선으로 문양을 만든 제품들을 유럽으로 전파시켰다. 유럽시장에서 이러한 제품들은 왕족과 귀족들이 소장하는 사치품에서 일반가정의 생활용품으로 보급화 되었다. 유럽인들의 수요는 다시 중국 제조업의 변혁을 가져왔다. 정교한 수공도자기의 제조기술과 유럽 소비자들의 입맛에 맞춘 도안, 도자기 가공의 새로운 중심으로 가장 좋은 브랜드로 만들어졌다.

1644년에 명나라가 멸망함에 따라 중국과 유럽간의 무역이 중단된다. 네덜란드의 상인들은 일본으로 눈을 돌렸다. 1680년에 가키에몽이라는 가문에서 유백색탁자(乳白色濁瓷)를 만들어낸다. 도자기에 정교한 채색그림을 그려서 품격을 나타낸 것이 유럽인들에게 인정을 받아서, 유럽의 각 나라에 맞는 도자기로 만들기 시작했다. 독일은 고령토를 사용하여 가키에몽 도자기를 모방해서 내놓는다. 그리고 프랑스에서도 중국도자기와 일본 가키에몽을 모방해서 오늘의 지앙도자기 공장이 만들어졌다.

위대한 도예가는 자기 생애를 통하여 인류가 닦은 예술의 역사를 환상의 세계로 끌어올려서 잠깐 동안의 설레임에 파묻힌다. 나도 그런 희열을 맛보게 된다. 이는 도예가가 누릴 수 있는 최상의 기쁨일 것이다. 지앙의 생활자기들은 바로 그런 도예 작품들이다.

시대를 넘어서

부부 두 쌍이 태국공항에 닿자마자 곧바로 아티타야 골프장으로 향하였다. 공항에서 40분 거리이며, 1월인데도 30도로 우리나라 여름과 같은 더위이다. 어디를 가나 물이 있고 불탑이 보인다. 이들은 종교적인 분위기에서 살아온 때문인지 친절하고 인정이 넘친다. 불교사원이 동네마다 있고, 95퍼센트 이상이 불교신자이며 신앙심이 대단하다.

골프장에서 일하는 수백 명의 캐디들은 우리에게 받은 팁까지 왕에게 공양 한다. 바로 이것을 절대적인 신앙으로 여기고 있다. 내 캐디는 왕의 사진이 든 금붙이 상을 목에 걸고 있었다. 왜냐

물어보니 이 목걸이가 자기네 가정을 지켜주는 부적으로 재앙을 피하고 복도 생긴다고 한다.

우리 일행은 오전에 공을 치고, 리조트에서 점심을 먹은 후 1시간 20분 걸리는 곳에 있는 왕궁으로 출발했다. 택시를 타고 시내로 향하자 불교사원과 코코넛나무가 무더위를 씻어준다. 왕궁에 거의 도착했을 즈음 거리는 왕에 대한 장식으로 근엄했다. 태국인들은 왕에 대한 충성이 대단하여 마치 어버이같이 섬긴다고 한다. 그리고 왕은 국민에게 신으로 승화된 존재로 각인되어 있다.

도로 곳곳에 푸미폰왕과 그의 가족들의 사진이 걸려있다. 왕가도 근대화를 주도하면서 국민적 존경과 절대적인 믿음이 배양되어 있었다. 국민들은 독립을 보전했다는데 자긍심을 가졌다. 그만큼이나 왕실에 대한 신임도 두텁다. 왕은 나라경영에 구심적 역할을 하고 있으며, 국민은 한마디의 불평과 의심이 없다. 그러기에 왕의 권위가 하늘을 찌르는 흔적을 곳곳에서 볼 수 있다.

비록 캐디생활이지만 무언가 봉사하고 있다고 생각하기에, 우리보다 현실에 만족하며 마음 편하게 사는 것이다. 마치 그들은 태어나면서 운명이 정해진 것을 너무나 당연하게 받아들이고 있다. 이들은 어릴 때부터 불교교리를 배우고 익히며 현세에 순응하고 산다. 이러한 생활이기에, 국왕은 절대적인 권위를 가지고 국민들에게 진정으로 신망을 받고 있다.

아득한 먼 하늘을 향해 뻗은 시바신의
성기를 상징한 높은 탑들을 보면서 나는
시대를 넘어 황금왕궁의 환상의 세
계로 빨려드는 듯하였다.

—시대를 넘어서

왕궁 앞 공원은 나무 사이로 사람과 상인들, 오토바이가 빼곡했다. 태국은 이제껏 외세의 지배를 한 번도 받은 적이 없는 민족으로서, 국왕을 국가의 수반으로 하는 입헌군주제이다. 우리는 황금색 티크주택으로 구성된 왕궁과 에메랄드사원의 진입로 앞쪽에서 한 사람당 입장료 350바트씩을 내고 네 명이 입장을 했다. 왕궁은 반바지차림으로 입장할 수 없었다.

대여실에서 50바트씩을 주고 긴 바지를 빌린 뒤, 반바지 위에 입고 입장했다. 무더위 속에 두 개의 바지를 껴입은 우리 일행은 불만이 대단했다.

대웅전 옆 상층테라스에는 황금빛 둥근 탑과 장서각, 석재모형물과 짜그리 왕조의 왕들이 조각상이 서 있는 건축물로 갔다. 그 옆에 왕실전용사원에 모셔져 있는 에메랄드불상도 보였다. 왕궁을 볼 때 가장 중앙에 우뚝 솟아 있는 건물이 라마 5세로 1882년에 세워졌다. 이 사원은 규모가 커서 높이가 아득하다. 건축물과 그 외벽을 감싸고 있는 화려한 보석장식으로 넓은 공간에 빼곡하게 들어차 있는 왕궁의 웅장함에 나는 놀라움을 감출 수 없었다. 여기서 태국의 도기를 더듬어 본다.

중국 14세기 때, 용천(龍泉)요장에서 나온 청자와 경덕진 가마에서의 청화(青花)도자기가 태국 도기에 커다란 영향을 주었다. 스코타이왕조가 도읍을 만든 스코타이는 태국의 중심부로 흐르는 메나무강의 중간지역이다. 삥강과 요무강이 합류하여 메나무강이 되지만, 이 요무강유역에 스코타이가 있다. 삥강을 따라서 올라가면 람붕첸라이에 이른다. 그 연안에 스코타이요장, 쟈리앵요장, 스왕카로크요장, 상깡뱅요장, 카롱요장 등 1천개가 넘는 옛 요장이 산재하고 있다고 한다. 삥강과 요무강에서 태국의 문화에 영향을 주는 도기가 만들어졌다.

스코타이요장에서 만든 크메르계통의 채색도기는 흰 화장토에 철사로 문양을 그려 투명유약을 바른 크메르 도기와는 유약이 다르다고 한다. 그 계기는 중국도자에 의해서 영향을 받았다. 도자에 있어서 붓으로 그리던 문양이 원과 명, 청시대를 지나서 스코타이요장에 와서는 개성이 있는 철사그림으로 구워졌다고 한다. 이 요장의 흙은 철분이 많은 모래알을 포함한 소지에다 백토를 화장하여 만든 도기이다. 주된 문양의 도안은 당초, 초화가 있고, 문양 띠에는 넝쿨과 선(線)이 중국의 경덕진요장과 길주요장에서 나온 문양을 따르고 있다고 한다. 특히 물고기문양이 가장 큰 특징이다.

스왕카로크요장에서도 이 철사그림이 가장 성행하였고, 기형은 사발, 접시, 주발이 주가 되며 새모양의 주전자와 뚜껑달린 그릇이 다양하여 스코다이요장과 대부분 공통적이다. 붓 그림이 다소 조잡하지만 가는 선 그림을 구사하고 있다. 처음에 경덕진

요장의 표본으로 해서 시작하여 모방에 지나지 않았지만, 당초 문양은 중국양식을 탈피해서 독자적인 장식도안을 만들었다고 한다. 스코타이왕조는 태국남쪽에 건국한 아유타야(1350년 건국) 왕조에 침공당하여 토후국으로 전락하였으며, 도자기제작도 정지되었다고 한다.

왕궁 안에 있는 에메랄드사원으로 가다보면 중국의 도자기형태로 지은 건물이 여러 개가 우뚝 솟아 높이가 아득했다. 시대를 넘어서 만들어진 독특한 양식의 건물들은 종교를 떠나 찬란한 예술이다. 왕궁은 화려하게 지은 사원모양으로 아름답다. 그 섬세한 기교와 조각은 예술의 극치를 이룬다. 왕궁의 건물양식은 로마양식 그대로이다. 외등장식과 기둥문양, 디자인이 로마풍이다. 그러나 내부는 동양풍으로 보인다. 서구라파풍과 동양풍이 섞인 건축이다.

아득한 먼 하늘을 향해 뻗은 시바신의 성기를 상징한 높은 탑들을 보면서 나는 시대를 넘어 황금왕궁이 환상의 세계로 빨려드는 듯하였다. 이 탑들은 크메르제국 때 힌두교의 영향 하에 있었기에 남근숭배사상이 남아있다. 왕궁을 한참 거닐다보니 마술에 걸린 듯이 미지의 세계로 떨어지는 느낌이었다.

뒷모습

우리 생활에 있어서 산과 인간의 관계는 긴밀하다. 태고 때의 산은 신과 신비한 피조물들이 거처하는 금단의 공간으로 여겨왔다. 조상들은 특정한 산을 선정하여 영산(靈山)이리 하였다. 예부터 영산은 도교를 신봉하는 신자들에겐 신선이 장수를 누비며 사는 곳이며, 시인과 화가에게는 영감의 원류이기도 하다. 알프스산 역시 세계질서의 규범으로 받아 들여져서 인간생활에 유익한 자연의 혜택지로서 유럽의 도요지가 탄생되었다.

나는 3년 전 가을, 알프스산의 뒷모습으로 보여진 비엔나에 도착하였다. 비엔나는 알프스와 더불어 호수 면에 그림자가 드리워져 있는 모습이 아름답다. 그리고 알프스의 만년설을 비추고 있고, 백조가 무리지어 놀고 있는 곳에서 유람선과 요트가 한가하다. 호수 주변에는 산책길로 다듬어진 가로수와 예술인들이 사는 집이 있다. 베란다에는 꽃이 장식되고 크고 작은 정원이 보였다. 사계절이 백설인 알프스 봉우리는 4천 미터 이상이 되는 것이 20개나 있다.

깊은 역사를 말해 주듯 서 있는 건물도 차분한 분위기를 자아낸다. 음악의 역사를 간직한 채 조용하게 펼쳐진 거리에는 전원의 숲을 거닐고 있는 사람들의 소박한 표정이 고전 음악과 더불어 합스부르크 왕조의 영광을 느끼게 한다.

나는 2백 년 동안 숨 쉬고 있는 모차르트카페로 갔다. 사방으로 장식된 커피세트와 식기류 접시들이 피아노 선율에 따라 한층 화려해 보이며 이러한 실내장식이 돋보인 곳에서 홍차를 마셨다. 장식된 자기들은 동구권(東歐圈)에서도 가장 이름이 알려진 헤렌드요장에서 구운 주전자와 찻그릇, 식기들이었다. 이 카페는 비잔틴양식으로 건물이 고풍스럽고 정원도 아름답게 꾸며져 있으며 고전음악이 흘렀다. 아직도 번화가는 중세 때의 모습 그대로 남아있었다. 흰 말이 끄는 마차에 타고 다니는 사람들을 보며 마치 중세의 귀족들을 보는 느낌이다.

서양도자의 흐름은 다양한 도예세계를 지니고 있다. 흙과 불

흙을 빚은 다음에 1차 소성한 기물 위
에 유약을 바른 후 불의 심판을 받은
기물이 도예이다.

— 뒷모습

의 도예는 그 기원에 있어서 단순히 실용성뿐만 아니라 형과 장식을 시문해서 풍부한 예술작품을 만들어냈다. 로마시대로부터 중세와 근세를 통하여 다양한 도자기가 구워지고, 왕족과 귀족에서 서민에 이르기까지 생활을 장식해 왔다. 유럽은 알프스를 경계로 하여 남유럽과 중부, 북유럽과는 풍토와 민족이 다르고 문화에도 큰 차이가 있다. 사람들의 생활감정과 밀접한 관계를 갖는 생활 자기들은 다양하고 매력 있는 도예세계를 낳는다. 뱀과 도마뱀을 부조(浮彫)한 큰 접시를 만든 프랑스와 르네상스의 도예가 빠릿씨, 18세기 마이센의 도조가 켄드라 등이 개성을 창조한 서양도예의 중심이었다.

그리스에서는 기원전 6세기부터 5세기에 걸쳐서 흑(黑)그림문양과 적회(赤繪)문양, 흰 바탕의 레큐토스 등이 뛰어난 도기로 만들어졌다. 장식은 신화와 전설을 설명하기보다 오히려 신화를 통하여 복잡한 인간감정을 표현하였다. 특히 흰 바탕의 레큐토스는 묘지에서 사자(死者)의 슬픔을 그린 것으로 그 정경은 보는 이로부터 슬픔을 일으켰다. 중세에 걸쳐서 누르기형의 부조장식이 있는 갈색 도기가 알프스를 넘어서 독일과 영국에까지 전파되었다.

16세기 중엽, 이탈리아의 르네상스문화가 알프스를 넘어 유럽에 영향을 미친 것처럼 마죠리카 도기의 기법과 양식도 유럽전

역을 석권했다. 1710년에 마이센 왕립도자기제작소가 창립되었다. 약 3백 년 동안 마이센요장은 유럽 제일의 요장으로서 오늘에 이르고 있다. 9년 뒤, 자기소성의 비법이 오스트리아의 권력자에 의해서 비엔나요장으로 개설되었다. 이 요장은 왕립비엔나요장으로서 1862년까지 존속했다. 그러다가 동구권에서 유명한 헤렌드요장에서 비엔나요장의 전통을 이어받게 하였다. 그 후 영국황태자와 다이에나비의 약혼 선물로서 이 헤렌드의 도기가 만들어졌다고 한다.

이 헤렌드요장은 유럽의 왕족과 부호들로 이뤄진 수많은 고객들에게 애용되어 왔다. 1826년 창립 당시 헤렌드요장은 수도 비엔나에서 화려하게 이름을 떨치고 있었다. 그때의 비엔나는 유럽의 정치와 문화의 중심지이고 서양과 동양문화가 서로 접하고 있는 곳이었다. 그 속에서 성장한 헤렌드요장의 특색은 도시적인 개성과 명쾌함을 갖추고, 고전적이면서 그 테두리를 초월한 자유로움과 다양성을 갖고 있다. 이 요장은 다른 유럽의 유명한 요장에 비해 역사는 짧지만 새로운 것을 창조하려고 하는 자세와 지고(至高)한 기술이 느껴진다.

모차르트카페에 진열된 헤렌드요장의 커피세트에 꽃과 새, 과일의 문양이 선(線)그림으로 세심하게 그려져 있다. 그 위에 작은 면에서도 윤곽에 벗어나지 않도록 채색되었다. 여기에 있는 그릇들은 모두가 손으로 그린 문양들로 똑같아 보였지만 모두가 다른 필치였다. 두 개를 비교하여 보지 않으면 모를 정도로 다르게 그려진 기술이 대단하였다. 도공이 그린 그림은 교묘한 기술을 지님으로 이 요장에서 자랑으로 꼽힌다. 이러한 도공들은 마스터페인트사라고 불려졌다. 수백 년을 지난 현재까지 헤렌드 요장만이 전하고 있는 귀한 도공들이다. 그들은 자신의 작품마다 이름을 직접 사인한다.

1982년 7월, 한국도예연구회에 초대되어 전시회를 가졌다. 편화시리즈 60점을 선보이게 된 전시회는 조형도예였다. 그중에서 '뒷모습'으로 만든 편화는 흙으로 도판을 만들어 벽면에 걸거나 놓는 작품이었다. 다시 말해서 조각과 도예를 만들어내는 것이다. 경우에 따라서 음식을 담는 그릇으로 변해서 사용되기도 하지만 마치 회화그림처럼 보인다.

흙을 빚은 다음에 1차 소성한 기물 위에 유약을 바른 후 불의 심판을 받은 기물이 도예이다. 조형도예는 공간이 트여야 한다. 이런 것은 입체적 회화를 볼 경우에도 있다. 입체로 된 회화를 한쪽 방향으로 바라볼 때 그 모습은 부조처럼 보인다. 나의 '뒷모습'의 편화도예는 벽면에 붙여져 있다. 일종의 입체로서 여러 공간을 결합시키고 있으면서 전시장의 공간을 차지하고 있다.

나는 비엔나를 다녀와서, 헤렌드요장의 마스터페인트사가 신비에 싸인 채 미지의 세계로 다가옴을 느꼈다. 그렇지만 나는 언제나 혼자라는 생각에 잠기곤 한다. 치열한 경쟁 속에서 두려움을 느끼면서 나의 뒷모습으로 향한 곳에서 내 길을 걸어간다.

자화상 앞에서

대만 서양화가가 그린 나의 초상화를 바라보니, 젊을 때의 얼굴이 밝게 보인다. 말없는 언어를 지니고, 이미 사람의 마음을 품속으로 끌어 들인다. 때로는 위안과 기쁨, 깨달음의 바탕이 되기도 하는 얼굴이다. 인간 밖에 있는 것처럼 생각되지만 모든 것이 그 속에 있는 것 같기만 하다. 그렇지만 움직일 수 없는 얼굴, 이기심과 경쟁심이 끼어들 수가 없다.

1984년 10월, 파리의 리아그람빌레화랑에서 2개월 동안 첫 번째 개인 도예전을 가졌다. 얼굴시리즈 49점을 발표할 기회를 가졌던 오픈 첫날, 참석해준 대부분의 손님들은 나를 일본인으

때로는 위안과 기쁨, 깨달음의 바탕이
되기도 하는 얼굴이다. 인간 밖에 있는
것처럼 생각되지만 모든 것이 그 속에
있는 것 같기만 하다.

– 자화상 앞에서

로 알고 있었다. 이 화랑에서 전시할 수 있었던 인연도, 일본인 스승의 추천으로 시작한 것이다. 내가 처음으로 파리라는 곳에 전시할 당시 한국작가는 보기 드물었고, 대부분 일본인 발판 위에 추천을 받곤 하였다.

조각전시를 주로 하는 화랑이었기에 나의 얼굴시리즈는 신선하게 받아들여졌다. 화랑 분위기에 맞도록 얼굴이 좀 더 개성적으로 보일 수 있도록 여러 각도를 연구하면서 진열하였다. 주인은 이때부터 나를 파리에 진출할 수 있는 작가를 만들기 위해 함께 박물관을 다니면서 지도를 해주었다. 파리 현대박물관 옆에 있는 아시아박물관에서 찰흙으로 만든 부장품인 하니와(埴輪)를 보았다. 나는 하니와의 부자연스러우면서 소박한 조형미에 매료된 것이 동기가 되어, 자화상을 만들기로 한 것이다.

원통형을 기본으로 한 하니와는 단순한 기법으로 성형한 것인데 기교가 없는 원시인처럼 서 있는 모습들이다. 원통과 함께 판자 모양으로 짜서 맞추기도 한 인간상도 있다. 이러한 상은 일본과 중국의 고대예술의 원시적인 조형성을 보인다. 부드러운 바탕에 붉은색을 띤 색조로 구워진 것이 많다. 이것들은 죽은 자를 매장한 뒤 고분에 장식하여 세워 놓는 것들이다.

얼굴시리즈 중에서 자화상은 둥근 모양으로 만들고 그 곡면에 눈과 코를 붙였다. 눈과 입은 대담하게 칼로 도려낸다. 코와 눈썹, 귀를 점토로 붙여서 작은 구멍을 뚫고 파내기도 한다. 눈의 표정은 무언가를 응시하는 것처럼 방심한 표정으로 만든다. 긴장한 얼굴과 익살스런 얼굴, 웃고 있는 얼굴과 침착한 얼굴도 만들었다. 허무한 눈을 지닌 자화상은 따뜻한 정을 두고 꿈을 돋보이게 한 표정이 되어 전시장을 채운다.

중국신화사가 마련해준 자동차로 고비사막에 이르렀다. 주위는 하늘과 땅이 맞닿아 있고, 보이는 것은 모래벌판뿐이다. 초원의 서쪽 끝에 높은 산이 솟아 있다. 나는 이 산을 지나면서 한실(漢室)재건의 꿈을 품고, 건륭(乾隆)황제의 병사들과 싸운 그의 동생 진가락을 떠올렸다. 그는 반청(反淸)운동을 돕는 도인(道仁)과 영웅호걸들을 결집시켰다. 그리고 위구르 향향(香香)공주를 둘러싸고 건륭황제와는 삼각관계를 남긴 사람이다. 그렇지만 공주의 마음은 진가락에게 기울어져 있었던 것이다.

진가락은 공주와의 사랑을 위하여 황제와 결별을 해야 할지, 아니면 한족을 집권하는 일을 도모키 위해 공주와는 헤어져야할지 그 운명에서 망설였다. 그렇지만 몇 백 년을 기다려도 오지 않을, 한인이 왕권을 잡을 수 있는 이 기회를 사랑 때문에 놓친다면 후대에 죄인이 될 것이라 믿고 공주와 헤어지기로 했다. 그 이후 공주는 가슴에 단검을 꽂고 자결했다. 성 밖에는 사람들이 죽음을 애도하는 위구르의 만가를 불렀다.

위구르인들은 그녀의 시체를 신봉(神峰)으로 알려지는 비취 연못 옆에 안장하기 위해 무덤을 팠다. 관을 놓고 그 위에 돌을 올렸다. 그런데 그윽한 향기가 풍겨서 다시 관을 열어 보니, 안에 든 시체가 없어졌다. 검붉은 피가 고인 흔적이 있고, 그 옆에 진가락이 그녀에게 준 옥만이 놓여 있을 뿐이다. 위구르 사람들은 그녀가 그토록 아름답더니 하늘에서 내려온 천사가 다시 하늘로 데리고 간 것이라고 하였다. 옥을 주워든 진가락이 눈물을 흘리고 있을 때, 갑자기 미풍이 불며 진한 향기가 풍겼다. 그리고 옥처럼 흰 한 마리의 나비가 무덤 위를 날아다니며 오랫동안 떠나지 않았다. 이런 전설을 떠올리면서 나의 자화상을 만들어 보았다. 바탕흙이 나오도록 각선의 윤곽에 따라 상감해서 몸체를 부드럽게 보이도록 했다. 양 볼을 노랑과 분홍, 빨강과 푸른색으로 상감하여 코에서 턱에 걸쳐 삼각형으로 나눈다. 얼굴의 눈시울이 둥글고 눈초리가 뾰족하다. 그리고 균형 잡힌 살구씨 형태로 자르기도 하였다.

향향공주는 나의 자화상을 만드는데 있어서 잊을 수 없는 여인이다. 백합꽃처럼 향기를 지닌 그녀의 아름다움은 대만과 중국 모든 여성에게 선망의 대상이기도 하다. 그녀의 일생도 사랑에 살고, 사랑에 죽어간 여인이었다. 영원히 만날 길이 없기에, 마치 한 번의 붓 자국처럼 남기고 간 인연이 나에게는 보다 소중하고 또한 슬프기도 하다.

만들고 싶은 자화상은 끝없이 트일 것만 같으면서도 어느 한 점에서 그 세계가 좁아져 가는 듯하며 몸부림이 일어난다. 망설임만 계속할 뿐 만들지를 못했다. 흙과 대화를 할 적마다 떠오르는 공주의 얼굴은 꾸밈없고 천진난만한 아름다움을 지니고 있을 것이라 믿어진다. 누구나 갈망하는 인간의 행복은 자신이 스스로 느끼고 창조해야 하는 것이다. 나는 자연 속에 묻히고 싶다. 거기서 자아를 발견할 수 있는 기쁨을 찾고자 한다.

생각의 눈

2008년 5월, 시카고를 향하여 우리 부부는 딸과 함께 센트루이스에 사는 오빠 집에서 아침식사를 마친 후 자동차로 출발하였다. 시내를 벗어나자 옥수수 밭이 나온다. 거의 5시간 동안 계속 달려도 옥수수 밭만 전개될 뿐이다. 하이웨이에는 차가 많이 다니고 길가에는 현대적인 빌딩과 간이식당이 이따금씩 보이자 시카고의 초입에 이른다. 마천루를 경쟁하면서 조화를 이루는 시카고는 살아있는 공간으로 느끼게 한다.

100년 전에 만든 수많은 건축물들이 높고 단아하면서, 현대의 멋스런 모습을 갖춘 시카고는 생동감을 느끼게 한다. 그 속

더불어 살아가자는 마음은 뒤로 하고 탐
닉에만 빠져서 헤어나지 못한다. 한치
앞을 내다볼 줄 모르는 생각의 눈은 우리
의 생명에 희생당한 것만이 아니다.
— 생각의 눈

에 우리 가족들의 숨결을 느끼게 해주는 현대건축의 메카인 미적작품은 도시를 더욱 빛나게 한다. 그러나 고층빌딩 사이로 미시간호에서 다가서는 강한 바람은 우리들의 옷깃을 여미게 하는 찬 기운이었다.

여유와 낭만이 흐르며, 무성한 숲과 집집마다 잔디가 깔려있는 주택들이 솟아 오른 빌딩과 함께 아름다운 풍경을 만들어내고 있다. 현대와 과거의 건축물이 미시간호 풍경과 더불어 생활속에 현실을 깨우쳐 주기에 살아 있는 전시 공간으로 여겨진다.

우리는 미시건 호수를 마주하고 있는 밀레니엄공원 인근주차장에 차를 세워두고 박물관과 시어스 타워, 크루즈 출발지까지 걸어 다녔다. 밀레니엄공원에 설치되어 있는 아니쉬 카푸어의 조각은 110톤짜리 초대형 스테인리스 스틸로 만든 것으로 구름문이 공원 한복판에서 빛을 반사하는 거울처럼 나를 비추며 명상적인 생각의 눈으로 바라보게 된다.

길이 20미터와 높이 10미터에 달하는 커다란 강낭콩모양인 구름문의 조형물이 주변의 환경과 보는 위치에 따라 서로 다른 모양으로 변하고 있다. 비치는 상들이 보는 나를 비추진 않지만, 내가 상대편을 보고 있는 모습들이 고정관념의 틀을 부숴버리고 있다. 볼록렌즈와 오목렌즈에 비친 다양한 모습처럼 변화무쌍하고 신비스럽다. 우리 가족들이 금속성의 반구 안에 가까이 갈수록 세상은 거꾸로 보였다.

착시효과를 일으키는 현실과 미지의 세계에 놓여 있는 구름문은 하늘과 구름도 담아내고, 수백의 상들을 만들어 내는 모습으로 착시효과를 일으킨다. 현실과 미지의 세계에 우리가 있다. 건물을 관통하는 빛에 의해 나도 거꾸로 있고 그 옆에 있는 가족들도 거꾸로 보였다. 이 조각품에 다가가면 갈수록 앞에서 본 커다란 알루미늄거울과 같이 나를 다른 세상으로 인도한다. 그러면서 현실에 있는 모든 것이 어울리는 것을 느낄 수 있었다. 보는 각도에 따라 하늘과 빌딩들의 배경과 보는 사람이 다른 형태로 일그러져 보였다.

애니쉬 카푸어는 힌두교의 가정에서 성장한 인도인 아버지와 이라크에 거주하는 유태인 어머니 속에서 성장했다. 그리고 영국 성공회 서구의 경험 속에서 문화적인 혼란을 몸으로 겪었다. 그는 청년기까지 다양한 종교와 문화, 인종적 체험을 느끼고 겪었으며 세계가 서로 양립할 수 있는 대립적 관계를 그의 조각품에서 표현했다. 이러한 다양한 문화적 경험에서 오는 혼란과 마음속의 갈등은 그를 정신분석 치료까지 받게 했다. 이것이 그가 조각을 표현하는 중심이었다. 구름문의 조형물에서도 물질의 안과 밖, 보이는 것과 보이지 않는 것에 대한 경계를 일깨우고 있었다.

구름문은 시시각각으로 변하는 주변의 환경과 보는 위치에 따라서 서로 다른 광경을 나타내 주고 있다. 사물을 한 방향에서만 바라보지 않는 카푸어의 시각은 고정관념을 지닌 어느 조각가보다도 자신만의 세계를 잘 나타내고 있었다. 빛을 반사하는 거울처럼 관람객을 비추면 명상적인 기운을 불러일으킨다. 그는 조각이라는 물질을 통해 비물질의 부분을 나타내어 신비로운 구름문의 조형물을 낳은 셈이다.

그랜드공원 안에 위치한 밀레니엄공원은 건축물과 구름문조각품, 검정 화강암으로 된 스크린이 설치되어 있다. 천명의 시카고시민의 표정 애니메이션과 자연경치가 번갈아 나오고 있다. 시민들의 얼굴모습이 영상을 통해 다양한 나이와 인종, 문화가 공존하는 시카고라고 여겨졌다.

첨단 과학시대가 되어서 모든 것이 기계적으로 처리가 되어 나가지만, 인간성을 잃을 수는 없다. 그러나 우리 사회에는 부도덕한 일을 곧 잊어버리는 경향이 있다. 더불어 살아가자는 마음은 뒤로 하고 탐닉에만 빠져서 헤어나지 못한다. 한치 앞을 내다볼 줄 모르는 생각의 눈은 우리의 생명이 희생당한 것만이 아니다.

서로 공존하면서 선의의 경쟁을 해야 하는데 부도덕한 일로 일관된다. 그러면서 따지는 것보다는 모르는 척 덮어두는 사람이 처세에 능하다고 한다. 우리네 주변에는 앞뒤 생각 없이 말하는 사람들로 차 있다. 이러한 사람들이 사회를 어지럽힐 뿐만 아니라 짜증이 나게 한다.

자연 속의 나눔

어느 날, 연잎이 가지고 있는 선이 마음에 걸려서 방안에 걸어두고 잎이 서서히 건조해 가는 과정을 살폈다. 그 식물은 변하고 있었다. 그렇지만 인간은 변화하지 않으면, 무엇인가를 파악하지 못하고는 변화가 생길 수 없다. 한 달 가까이 걸려야 하는 도자기 제작에 관해서도 이러한 시각이 필요하다. 많은 시간이 걸려서, 지금도 어느 방향으로 걸어야 할지 아직 모르지만 조만간 나는 변해갈 것이라고 생각한다.

2011년 5월, 부산에 있는 경남여고 역사박물관이 개관하였다. 나는 모교에 '자연 속의 나눔'인 현대도예품을 전시했다. 이번

파도치는 소리가 들려온다. 해가 저물 무렵 파도는 산뜻한 제 빛깔을 내뿜는다. 넉넉한 마음으로 자신의 때를 기다리고 있는 것 같다.

— 자연 속의 나눔

작품의 성형에 있어서 틀에 박힌 전통적인 형태의 되풀이가 아니고, 물레작업으로 돌려 올린 기본 형태이다. 누름과 구부림에서 구멍을 뚫고 하는 변형법을 시도하였다. 더러는 여체의 움직임을 연상케 하는 작품이다. 문양도 점과 선에 의해서 추상표현이 된다. 그리고 기학적 형태를 음각으로 처리하여 현대적인 조형에 역점을 주었다.

도예품이 전통에서부터 벗어나서 마음대로 할 수가 없었다. 그러나 전통은 어떤 의미에서는 창조가 되는 계기를 만들어주는 원동력인 것이다. 때때로 좋은 작품을 보면 거기에 충분한 창조성이라 할까 그런 감동을 받는다. 자연 속의 나눔을 지닌 도예의 자유로운 정신과 마음의 여유를 갖고 싶다. 그러한 마음가짐은 나 자신의 표현일 것이다. 선에서 면으로 향할 것이고 또는 다른 방향으로 변할지도 모른다.

여고 졸업 후 처음 만난 세 명의 동창생과 함께 경남여고에서 다소 떨어진 해운대, 언덕 같은 오르막길에 달맞이고개로 갔다. 지금은 저마다 특색을 살린 카페들이 언덕 위에 즐비하게 늘어서 있다. 통나무로 지은 건물의 카페에서 가수들이 라이브공연을 보여준다. 바다 쪽 큰 유리창으로 된 옥외 테라스에서 멀리 바다를 바라보며 점심식사를 했다.

달맞이고개에서 송정, 기장까지 이색적인 카페들이 즐비한 곳에서 쪽빛인 바다 위로 간혹 배가 지나가는 풍경이 아름답다. 언덕의 길섶에 하얗게 메마른 갈대가 진눈깨비에 견디지 못하고 시든 채 바다를 지키고 있다. 여고 시절에는 이 지역이 갈대만 무성할 뿐, 인가가 없어서 행인들이 불편을 겪었다. 지금은 신시가지가 낳은 고층아파트들과 포장된 도로 때문에 갈대가 더 이상 자랄 수 없다. 그저 달맞이고개라 말할 정도로 젊은 연인들이 정담을 나누기 위한 곳으로 바뀌어 있다.

갈대를 통해 내가 살았던 한순간을 다시 기억하기도 하고, 앞으로 살아갈 날들을 엿보기도 한다. 일어날 수 없는 일을 상상까지 해본다. 나는 가끔씩 일상의 틀을 벗어나 미지의 세계를 담고 싶다는 충동을 자주 느끼곤 한다. 갈대처럼 정성이 깃든 마음을 베풀 때, 사람과 사람 사이는 정다움의 관계가 되지 않을까.

파도치는 소리가 들려온다. 해가 저물 무렵 파도는 산뜻한 세 빛깔을 내뿜는다. 넉넉한 마음으로 자신의 때를 기다리고 있는 것 같다. 시원한 바닷바람과 더불어 은은한 향기가 코끝에 와 닿는다. 갈대는 흩어져 피고 진다. 애써 아름다워지려고 하지 않고 그대로의 모습을 보여준다. 조금은 촌스럽게 보일지라도 자연의 섭리를 저항하지 않는 사람이 바로 갈대 같은 사람일 것이다.

나는 20여 년의 세월을 부산에서 보내다가 서울에 왔다. 엄마의 손에 이끌려 현해탄을 건너 부산으로 온 나의 어린 시절, 동네 친구들에게 놀림을 당하면서 열심히 우리말을 익혔다. 그러나 엄마는 고국 땅을 밟은 지 10년도 채 못돼 지병으로 돌아가셨다. 네모난 하얀 상자 속에 엄마의 시신을 태운 재를 담았다. 아버지와 오빠를 따라 해운대에서 한 주먹씩 뼛가루를 움켜쥐고 바다에 뿌렸다.

엄마의 포근한 가슴이 그리워질 때마다 해운대까지 달려가곤 했다. 그러면 밀려오는 파도에 엄마의 음성이 들려온다. 해운대 바다가 영혼의 시작이라면 현해탄 어딘가에 흘러가고 있을 것만 같다. 혼백을 찾아 파도소리를 들을 수 있으니, 아픔과 추억으로 엮어진 사람들이 스쳐지나 가곤 한다. 노을이 머금고 있는 해운대는 황홀한 색깔로 눈부시다.

나는 끊임없이 자연 속의 나눔에서 삶의 이치를 배운다. 갈대를 보고 하나의 매듭을 새기고, 바다를 향해 새로운 장을 준비해 본다. 외로움을 실은 파도는 흰 구름이 흐르고 있는 아래로 모든 설계가 가리워진 채 쌓여 있다. 그러한 추억들을 품으며 달맞이고개에서 회상해 본다.

자연 속의 나눔은 경남 산청에서 채취한 다완 흙과 철사유를 사용하였다. 전기가마에서 섭씨 1,310도에서 세 번 구워냄으로

써 붓질과 찌르기, 담그기로 다양한 철사유약을 사용했다. 2천년 전 원시적인 것에 착안하기도 하였고, 과거 전설이나 조상들의 기물과 오브제에서 테마를 잡기도 하였다. 형태가 정해져 있는 것에는 그다지 흥미가 없지만, 일본 전통도자기인 오리베기법에서 볼 수 있는 자유로움과 분방한 것에서는 기력이 솟기도 한다. 이러한 오랜 전통도자기에는 제각기 시대의 우수성을 지니고 있다.

속된 일상에 파묻혀 있는 진실과 아름다움을 신의 안목으로 다시 보고 싶다. 그리고 태초의 상태로 되돌리는 자연 속의 나눔이 오랜 인고의 첫 개화로서 초인적인 완숙의 것이기를 희구할 뿐이다.

일상 속의 날카로움

아티타야 골프장에서, 새벽의 어두움이 있는데도 모두들 줄서서 티샷을 하기 위해 기다린다. 열풍이 불고 모기떼들이 극성이었다. 금방 밝은 새벽이 열리면서 모기들은 사라진다. 훈훈한 바람이 불어오고 시야에는 망고나무와 사탕수수, 푸른 열대나무들이 무성한 가운데, 하이비스카스 꽃들이 갖가지 색상으로 피고 있다.

코스마다 늘어선 코코넛과 야자나무, 보라와 분홍색으로 연꽃이 가득 핀 연못으로 공이 날아가고 있다. 거기에는 열대 꽃들이 사시사철 피고 지는 가운데서 온갖 텃새들이 무리를 짓고 비

섬세한 손놀림은 한 치의 실수도 용납하지 않는다. 피어난 꽃들이 아름다운 색상으로 빚어지면서 나비가 날아와 잠시 쉬고 날아갈 듯한 모습으로….

—일상 속의 날카로움

명을 지르면서 날고 있다. 이곳은 공항에서 40분 정도 걸리는 위치에 있기에 한국인들과 태국인들도 많이 모여든다. 골프장과 리조트가 하나로 묶여있어 이동에도 편리하다. 골프장은 코스와 코스가 연못으로 연결되어 라운딩을 할 수 있었다. 카트가 지나가는 포장도로도 바로 그 연못을 따라 만들어져 있었다.

페어웨이 주변의 망고나무와 야자수들, 이름 모를 꽃들이 색색으로 피어 잔디를 더 파랗게 보이게 한다. 코스마다 연못을 건너야 할 뿐만 아니라 길이 또한 길었다. 양옆으로 깊은 러프와 연못이 연결되어 공이 들어가면 찾지 못했다. 여기에 온 대부분 사람들은 공을 칠 때 대원군 난초치기처럼 공이 어디에 있는지 종잡을 수가 없었다.

대원군은 생전에 다작을 했지만 난초의 그림이 단 하나도 비슷한 스타일이 없다고 한다. 권력을 잃고 절치부심하던 그 순간마다 난초를 치며 자신을 다스리는 대원군의 모습이 떠오른다. 그는 김정희 문하에 수학하며 난초를 배웠고 마침내 추사로부터 압록강 동쪽엔 이만한 작품이 없다는 찬사를 받았다. 그에게 난초치기는 자기만의 독자적인 세계를 자리매김한 것이다. 그리고 안동김씨의 눈을 피해 숨어서 생활을 유지시켜준 것도 난초치기였다. 그의 난초는 동적이면서 칼날처럼 예리하다. 뿌리는 굵고 힘차게 시작하지만 갑자기 가늘어지면서 길게 쭉 뻗어나간다.

그는 권력에 대한 불타오르는 의지를 숨긴 채 때를 기다릴 줄 알았고, 권력의 자리에 올라서서는 자신의 정치철학을 담대하게 펼쳐나갈 줄 알았다. 권력을 두고 시소게임을 벌이는 순간보다 묵향에 취해 있는 그 순간이 더 행복했는지 모른다. 그분의 난초그림의 선은 티샷한 공이 날아가는 모습처럼 가늘고 팽팽하면서, 섬뜩할 정도로 예리하고 부드럽다. 그러면서 여백을 살리고 한 쪽에 한 떨기 춘난(春蘭)을 즐겨 그린 선은 그의 파란만장한 인생역정과 비슷하다. 처절한 권력투쟁의 소용돌이에서 그의 야망이 숱한 날카로움으로 표출된 점이, 골프하는 사람들에게 볼 수 있는 일상 속의 날카로움 같다.

아티타야골프장은 회원권으로 운영하고 있어, 각기 한 사람씩 캐디가 배치되며 한 팀이 4명이면 캐디들만 4명이 된다. 때로는 우리 부부끼리 공을 칠 때에도 2명의 캐디가 나온다. 우리 부부는 15일간 공을 쳤는데, 첫날부터 마지막까지 고정적인 캐디 2명이었다. 이 캐디들은 매일 세 가지 종류의 과일을 선보였다. 같은 과일을 가지고도 여러 가지 모양으로 깎아 공예품처럼 보였다.

태국은 염직과 금속, 도자와 과일공예품으로 유명한 나라이다. 그중 과일공예는 열대과일로 뛰어난 작품을 만들었다. 우리 일행은 오전에 공을 치고 오후에 왕궁을 본 후, 과일을 사러 마켓에 들렀다. 마침 과일을 깎는 모습을 보여주었다. 그때 보여준 과일은 수박과 이름 모를 열대과일이었다. 그녀의 섬세한 손놀림은 한 치의 실수도 용납하지 않는다. 피어난 꽃들이 아름다운 색상으로 빚어지면서 나비가 날아와 잠시 쉬고 갈 듯한 모습으로 깔끔하게 마무리하였다. 이 과일공예는 자연 그대로의 아름다움이 과일의 각도마다 느낌이 다르게 보인다. 집중하는 예술가가 만든 과일 한 바구니가 꽃 한 바구니로 변했다. 나는 신기해서 가까이 가 봤지만 너무나 섬세하여, 마치 과일을 깎는 것이 아니라 예술품을 창조하는 것 같았다.

현재 태국에는 지역간이나 소득계층간의 격차가 심하다. 그렇지만 이들은 왕에 대한 절대적인 존경심을 보인다. 왕을 불상처럼 모시면서 생활에 처한 그들의 삶대로 바쁘게 살고 있다. 이들은 대수롭지 않는 만남에서 오고 간 오랜 세월을 두고 잊혀지지 않은 채 남아 있기도 한다.

도자기 인형을 찾아서

스페인은 다양한 문화 속에서 조화를 추구하는 창의성으로, 각 지방마다 독특한 디자인과 상품이 눈길을 끌고 있다. 품질과 디자인 면에서 명성을 얻고 있는 도자기예술 또한 세계적으로 인정받고 있다.

톨레도의 탈라베라 데라 레이나 도자기와 도자기인형 야드로 도예, 안달루시아 지역의 타일공예품은 유리공예와 밀접한 관련을 맺으면서 독특한 아름다움을 자아내고 있다.

1986년 2월, 파리에서 제15회 개인 도예전을 가진 바가 있었다. 검은 신들로 구성된 12점이 이조찻잔이라는 특성에 뿌리를 둔 이미지로 만든 것들이다. 나는 전시기간에 화랑주인과 함께 스페인의 마드리드에 갔다. 그 후 2005년 5월에 남편과 함께 미국에서 공부하고 있는 딸을 만나본 후 다시 스페인을 여행하였다.

스페인 도예는 유럽 전역에서 영향력이 크다. 수많은 사람이 민속적인 공예의 맥을 이루고 있으며, 파블로 피카소와 프란시스코 고야, 살바도르 달리 등 거장이 배출된 곳이었다. 이들은 고전 그리스문화를 발전시키는 데에 기여하였다. 그리고 아랍문화와 유럽문화가 섞여 스페인의 독창적인 도예가 형성되었다.

톨레도는 마드리드에서 남쪽으로 80킬로미터 거리에 있는 2천년된 고도(古都)이다. 삼면이 타호강으로 둘러싸여 있으며 중세의 분위기가 아직도 남아 있는 도시로, 화가 엘 그레코가 죽을 때까지 40년을 살면서 명작을 남긴 곳이다. 이곳에는 기독교와 이슬람교, 유대교가 오랜 세월동안 공존하면서 서로 융화되어 독특한 문화를 형성했다. 언덕 위에 세워진 이 도시는 스페인의 역사를 압축시켜 보여주는 듯 도시 전체가 살아있는 하나의 박물관 같았다.

톨레도에서 생산되는 요업제품들은 14세기부터 판매되어 왔다. 이 도자기들의 색상은 뚜렷하며, 고딕과 르네상스 양식의 영향을 받았다. 그리고 여러 문화에서 각 민족이 가지고 있는 인형의 부드러운 표정과 희귀한 색채는 사람들에게 인기를 누리고 있다. 제품 생산이 끝나면 원형을 없애버려 소수의 제한된 작품을 구입한 사람들로 하여금 특권을 갖게 한다.

— 도자기 인형을 찾아서

정체성을 지키며 조화를 이루고 있다. 미로처럼 얽힌 골목은 차가 한 대 들어올 때마다 몸을 세워 비켜줘야 할 만큼 좁았지만 정겨웠다.

톨레토는 옛날처럼 좁고 복잡한 거리지만 장구한 역사를 만드는 분위기가 감동을 자아낸다. 이곳의 햇빛은 머리 위로 바로 찌르듯이 뜨거웠지만, 가파른 언덕 위의 집들이 햇살에 바랜 듯한 황갈색으로 물들어 있다. 좁은 골목에는 나귀가 다니고 있었다. 탈라베라에서 만든 도자기를 수레에 담고 걸어가는 모습이 고장 난 시계처럼 헐벗은 황토색 땅 위에서 고요와 정적으로 신비감을 준다.

골목마다 전쟁과 관련된 제품을 파는 상점 옆에, 야드로에서 만든 도자기인형이 진열되어 있다. 이슬람의 영향을 받았지만 현대적인 감각으로 최대한으로 늘인 것 같은 얼굴과 몸의 형태에서 매력이 느껴진다. 도자기인형은 유명한 조각가들이 만든 스페인의 핸드메이드이며 명품으로 알려져 있다. 도자기 기술을 예술로 승화시킨 조각품이다.

야드로 삼 형제는 스페인의 농부 가정에서 아버지와 함께 농사를 지으면서도 자신의 집에 가마를 쌓아서 인형도자기를 만들기 시작했다. 1960년 공장을 확장하여 10년도 채 안 되어 도공 1천 5백 명 이상 규모의 공장으로 성장했다. 고전적 인간의 모습과 동물의 세계, 새와 항아리 등은 대표적인 생산품이다. 인형의 부드러운 표정과 희미한 색채는 많은 사람들에게 인기를 누리고 있다. 제품 생산이 끝나면 원형을 없애버려 소수의 제한된 작품을 구입한 사람들로 하여금 어떤 특권을 갖게 한다. 야드로 가족 중 한 명의 사인이 들어간 품질보증서를 받게 된다고 한다.

야드로는 인간과 자연의 모습을 완벽하게 표현해 주는 예술의 경지에 이른 조각가이다. 부드러운 파스텔 색조로 낭만주의 운동을 동화시켰다고 한다. 도자기로 만든 꽃은 야드로 형제가 첫 단계로 만든 예술 표현이었다. 섬세한 자기 모양은 우아한 아름다움으로 창조되었다. 각 작품마다 나타나는 표정에 공포와 침묵, 사랑과 희망이 묻어나온다.

안달루시아 지역에서 나온 타일은 푸른색의 염료만을 사용한 티일로 화려힌 느낌이 든다. 이슬람 도기의 영향과 스페인 풍의 의장으로 만들어진 속에 여러 민족과 문화가 융합되어 있다. 과거 로마 시대와 아랍인의 지배 때부터 내려온 마졸리카 도기 기법과 양식에 현대적인 발상이 조화를 이룬 것으로 볼 수 있다.

유럽의 근세 도기는 14~15세기 스페인에서 시작한 주석유약과 색 그림이 이탈리아에 전해져서 마졸리카 도기로서 발전되었다. 16세기 이후 알프스 이북에 전파되어 파이앙스 도기라고 불리었다. 18세기부터 약 3백년에 걸쳐서 소성(燒成)되어 계속한 것이다.

광장에서 집시들이 웃음꽃이 피어나는 얼굴로 자유롭게 춤을 추며 정열적인 축제를 즐기고 있다. 나는 스페인에서 집시들이 살아가는 모습을 바라보면서, 신비적인 상상을 했다.

4.
심상옥의 작품세계

작가의식과 수필의 격(格)

- 심상옥 도예에세이 『공간에 색깔 입히기』에 붙여

성 춘 복
(시인 · 전 문인협회 이사장)

1.

아직도 많은 사람들에 의하여 지적당하고 있는 수필 장르의 열악성은 대부분 작가의식의 결여라고 말한다. 두말할 필요도 없이 전문성에 가닿지 못한다는 이 지적은 주로 '붓 가는 대로의 글'이란 적당한 해석이 오랜 세월 동안 안착되어 있다는 뜻으로 해석될 법하다.

좋은 뜻으로는 달관(達觀)이나 유유자적(悠悠自適)이란 말로 스스로를 위안하지만 언제까지나 그럴 수만은 없는 노릇이란 뜻도 깊이 감추고 있는 성싶다.

그렇다면 이 '적당히'란 고백과 같이 그저 쓰기만 하면 된다는 안이한 의식 때문에 신념의 오류에 맞닿아 있다는 지적도 예사롭게 받아들여질 수 있다.

이른바 신변잡기에 머무르면 문학적 형상화에 성공할 수 없다는 사실이다. 예컨대 도자기를 가마에 넣고 굽는 도공이 자신이 구운 것을 깨고 또 부수어 버리기를 수도 없이 하면서 헛손을 놀리는 도로(徒勞)에 다름 아니란 말로 설명이 가능할까. 이렇듯 작품이 되지 않는 일을 계속한다면 그 짓을 일생 동안 되풀이해봐야 별로 얻을 바가 없다는 뜻이다.

그러니까 작품다움을 식별하는 눈길을 갖지 못한다면 그 어떤 일도 할 수 없어 장벽에 부딪치기 마련이다. 그렇기에 창작적 능력이란 작가 수업에 연유한다는 사실을 기억해야 할 듯싶다.

바꾸어 말하면 그런 류의 작가는 자신의 잘못에 대하여 아무런 빈문도 던지지 못하기 때문에 오히려 무지하나는 시석밖에 더 얻을 것이 없다.

신변잡기뿐인 이 넋두리는 단순한 경험의 도로(徒勞)에 그치거나 엉뚱한 푸념에 지나지 않게 되는데, 글감의 재료를 어떻게 해석하고 어떤 방식으로 재구성하느냐 하는 일이 그 작가의 능력이 된다.

장황하게 얘깃거리를 늘어놓는 일은 비록 비판이 따른다 하더라도 경험의 재구성이란 점에서 수필은 그 요령을 터득한다. 이때 무의미는 유의미가 되고 일반적인 일도 뜻 깊은 것이 된다.

특히 작가적 상상력은 바로 문학의 원천이기에 다른 장르보다 수필에선 그 비중이 크다. 말하자면 우리가 겪은 일의 표현력은 우리들 경험의 한 심상으로 새롭게 형태를 얻어 다시 태어나고 구성될 때 진정한 의미의 문학이 되는 것이다.

예를 든다면 '저녁에 우는 새는 임 그리워 운다'의 민요적 가사는, 저녁이란 시제에 그리움이 수식되고 있어 우리의 뇌리를 늘 상상력으로 뒷받침해주고 있다.

그렇듯 수필도 충분히 상상력이 동원된 산물로 공감대를 형상해야만 문학의 자리에 우뚝 선다는 사실에 유의해야 한다. 그러나 그마저도 작가 나름의 안목에 의하여 자신의 철학으로 정립되고 그의 독특한 세계를 형성시킬 수 있다.

2.

화력(火力)으로 한 개체가 유약에 의해 발색되는 현상은 시간 속에 지속되는데 거기에는 모든 생명들이 지니는 공간결합, 그리고 자연의 에너지를 볼 수 있다. 그래서 형태를 이루는 원초적인 힘은 골격에 따라 흘러 생에 맥을 준다. 그 생동하는 원초적인 상태는 공간결합에 있는 선과 뭉쳐진 볼륨으로 예기치 않은 형태로 나타난다.

-「공간 결합」 중에서

이 글은 심상옥 도예가 또는 수필가의 도자기 탄생에 관한 그의 신념을 과학적인 밑받침을 통해 피력하고 있는 한 단면인 것이다. 이 「공간 결합」은 도자기의 유약으로 그린 그림이 일련의 흐름과 일정한 움직임 및 그 양과 그 속도에 따라 만들어지는 다병의 생산공정을 표출해낸 대목이다. 서로 겹치고 얽힌 선들이 어떤 오묘한 질서 속에 구불구불 이어져 공간적 조각의 통합체로 드러남을 이야기해주고 있다.

작품 소재는 늘 옛것에서 골라 선택하지만 강렬한 색채를 즐겨 다루는 까닭을 잘 밝히고 있다. 전통적 자기에다 현대적 감각을 결합시키기 위해 실험하는 노력의 일단을 표백(表白)하고 있는 셈이다.

이 부분은 단순히 도자기 공예의 한 단면을 이해시키려는 설명이 아니라 그 분야의 전문직 기예를 문학으로 풀어가는 추상화의 발로를 피력하고 있는 것이라 할 수 있다.

비록 과학적 서술이긴 하나 유의미화 하고자 하는 나름의 문학적 시야와 서술로 섬세함과 독창적인 상상의 채색화를 다양한 창조의 면목으로 보여준다. 이런 서술은 도타운 경험에서 드러나게 되는 의지이고 장구한 경험의 농축에 의하여 얻어내는 단단함의 철학으로 빛을 얻게 된다. 그 결실은 이 작가 특유의 내적 감각으로 빛을 얻게 되고 자신의 현실에 도달하는 방법이기 때문에 그 공간 결합과 빛깔의 관조 속에 자신을 침잠시키고 있다는 사실을 아주 쉽게 그냥 받아 넘길 수는 없을 듯하다.

도예의 창작을 통해 독자도 작가와 더불어 깊숙이 침잠되어 그 심원에 도달되는 것은 아닐까 싶다. 말하자면 그 고뇌의 과정과 결과에 도달하기 위한 현실적, 관조적 세계는 시감각이라는 무궁한 공간의 확대로까지 반사되고 있다. 그렇다면 분명 이 작가 고유의 세계에, 미학적 체험의 긍정적 세계에 독자도 더불어 참여케 되는 셈이다.

감동은 예술 일반의 목적이고, 특히 문학의 언어적 가치는 즐겨 마땅한 이상향(理想鄕)이라 할 수 있다. 거기에다 회화의 공간미술을 집중적 미학으로 쉽게 대할 수 있는 심상옥 수필가만의 공간과 채색 미술이기에 한 번 더 언어미학으로 얻을 수 있어서 거의 완벽에 가까워진다고 할 수 있다.

3.

문학은 어떠하든 우리들 삶의 양상을 형상화한 것이다. 특히 폭은 넓고 길이는 단축된 현대라는 시점에서 이 영역 또한 세계를 통하여 우리 삶을 지배하는 여러 원인 가운데 특히 여행을 통해 다양한 방식을 체험케 함으로써 오늘날의 특별한 모습으로 변모해가고 있다 하겠다.

주관적이면서도 상당히 객관적인 조명을 바라게 되고 아울러 그 객관성 속에서 더욱 착실하기를 바라는 이 수필 또한 깊이 이해되고 수용된다고 할 수 있다.

그러므로 오늘의 문학과 삶은, 특히 수필에 있어서 주체적인 관계로 재인식되면서 여러 방면으로 통합된다고 보아 마땅하다. 그렇듯 수필가의 감수성은 그 재능과 더불어 더 전문적이어야 한다는 주장이 대두될 법하다.

단순한 언어의 보편적 능력만으로 문학이 되는 것은 아니다. 그 작가의 내면을 성찰케 하는 지속적 물음과 탐구와 답을 요한다는 뜻이다. 더욱이 자기 탐구와 성장을 도모할 때만이 진정한 삶의 가치 추구가 수필의 영역이 된다고 할 수 있다. 이것이 특히 오늘의 수필문학이 사유와 반성이라는 데 뿌리를 두고 자기 실현의 길이 되어간다고 보아진다.

심상옥 수필가는 「대화의 나눔」에서 오늘의 정치마당을 이과수 폭포를 구경하면서 아래와 같이 단언한다.

> 우주공간에서 이 폭포만큼 색채나 조형면에서 완전함을 이룬 곳은 더 찾아볼 수가 없을 것 같다. 변화를 시도하는 것이 창작의 출발점이라고 보면, 이 폭포는 자연계가 꾸며낸 창조물이다. 웅장한 폭포의 흐르는 선이 떨어지는 상태를 보는 순

간 자연에 대한 두려움이 밀려온다.

이것이 분명히 예술이다. 예술을 더 구체적으로 말해본다면 인식의 주체 곧 인간이 외계의 형태나 이미지를 변형 또는 파괴하는데 그치지 않고, 자신의 심상으로 걸러내서 새로운 개성을 형성하는 것이라고 볼 수 있다. 그것이 보편성을 추출해냄으로써 어떤 공간에 구체화 시키는 작업이라고 할 수 있다.

-「대화의 나눔」 중에서

위와 같은 견해가 그의 도자예술론이라면 그에 하나도 뒤지지 않는 문학관 또한 그와 같음을 우리는 쉽게 살필 수 있다.

4.

극단적인 예가 될지는 모르나 이번 작품집의 도처에서 발견되는 이 작가의 그런 창작관은 어떤 면모로 분석해 보아도 정신생활의 단면들에 깊숙이 잇대어져 있음을 찾아낼 수 있다.

우리 도자기는 생활의 실익에 앞서, 그 질감이 정신생활에 윤택함을 보여주는 문화의 값진 요소가 있다. 이러한 것을 무기적인 소재로써 이룩할 수 있는 작품을 시도하고자 하였다. 거기에는 심미안과 창조적인 자기 세계가 요구된다. 흙이 가지고 있는 가능성과 그 잠재력인 세계에 순수한 마음이 가닿을 때 비로소 새로운 형태의 조형물이 탄생한다.

-「상상 속의 과정」 중에서

이러한 창조론을 지녔다면 그의 문학도 그에 조금도 뒤처지지 않는다고 생각된다.

나는 인체를 모티브 삼아 조립과 변형을 시도하는 쪽으로 디자인을 추구하는 경우가 있다. 선이 원에서 출발하며, 그릇과 같은 원형으로 형상을 잡아 나간다. 어떠한 것이든 형태가 있지만, 그러한 형태에는 이름을 붙일 수 없는 비정형의 경우가 있다.

-「시간을 담은 흙」 중에서

현실을 넘어서는 조형도예들은 지금 우리 집 벽면에 매달려 있다. 이 작품은 일종의 입체로서 여러 공간을 결부시키는 의미로 우리 집의 공간을 차지하고 있다. 작품을 둘러싼 주위의 공간과 연결해서 융합으로 이루어낸다.

-「현실을 넘어」 중에서

나는 조화의 순간인 다병을 바깥쪽으로 시유할 때는 굽을 잡고서 주전자에 담긴 유약을 부어나간다. 이때 몸체를 반으로 나누어 서로 대조색이 되게 한다. 유약은 재유로 입히고 코발트유와 철사로 서로 상반되는 색상으로 변화를 준다. 이렇게 대조색으로 결합하면 긴장감이 들기도 한다. 강한 대비를 이룰 때 기물의 표정은 더 개성적으로 드러난다. 이때에 주둥이를 없애느냐 그냥 두느냐의 문제로 고심을 하게 된다.

-「조화의 순간」 중에서

위의 몇몇 인용문을 통하여 알 수 있듯이 심상옥 수필가는 대립과 조화, 긴장감과 아늑함이 맞물리는 산문을 구사하는 작가

이기도 하다.

작품의 도처에서 발견되는 그의 문장과 그 어법은 이 작가가 의존해서 풀어가는 수순을 그 특유의 방법들로 터득해 절로 해석이 가능하도록 해주고 있다.

그렇다면 독자인 우리는 이 작가의 개성이 강한 그의 주장에 대하여 수긍보다 앞서 단순의 고백에도 그 나름의 구조미학에 절로 휩쓸려 들게 된다는 사실이다.

남보다 달리 보고 남보다 다르게 살며 그 삶조차 또 달리 해석한다면 드라마틱하다고 할 수 있다. 쉬운 자의의 속임수가 갖지 못하는 예술적 창의성을 강조하면 바로 격(格)이 된다. 이 격은 관조와 연관되고 잡스러움을 없애준다. 뚜렷한 주제의식은 이 작가의 장점이기도 하다. 이에 앞서 사색이 그 속을 메운 것은 관조의 문학이 아니될 수 없다.

한마디로 이 작가의 이번 도예 작품집은 그림과 함께 문학으로써 좋은 반향을 얻으리라 믿어 의심치 않는다.

창조적 변형법을 시도

- 심상옥 도예전을 보고

염 태 진

(부산산업대 교수)

현대 미술에 있어서의 도예는 넓은 의미의 입체 조형의 하나로서 생활 도자기가 사용 목적을 바탕으로 했다면 조형도예는 순수성, 창조성에 큰 비중을 차지하게 된다.

이번 한국 도예 연구회의 기획전으로 초대되어 출품한 70점의 도예 작품 전시는 다른 도예에서는 볼 수 없는 연구 발표의 형식이란 특징을 지니고 있다. 태도, 유약, 소성 온도에 대한 실험을 작품마다 기록하여 도예 창작에 새로운 진로를 개척하려는 작가의 의지와 각고의 모습을 보여 주고 있다.

항아리와 병과 그릇이 주가 되어 있는 이번 작품의 성형에 있어서는 틀에 박힌 전통적인 단정한 형체의 되풀이가 아닌 대담하고 기발한 성형 방법에 의하여 물레 작업으로 돌려 올린 기본 형체를 누르고 구부리고 찌그러뜨리고 구멍을 뚫고 하는 창조적인 변형법을 시도하였다. 더러는 여체의 움직임을 연상케 하는 형태 등 다양한 조형성을 나타내고 있다.

전통 도자기에서 말하는 소위 문양도 여기서는 조형의 기본이 되는 점과 선에 의한 추상 표현이 주가 되어 있고 간결 명쾌한 기하 형체를 음각의 형식으로 표면을 처리하여 작가의 현대적인 조형 감각과 표현 능력을 보여 주고 있다.

이번 연구를 통하여 심상옥의 대담하고 의욕적인 실험 태도와 세련된 조형 감각을 짐작할 수 있으나 아쉬움을 느끼게 하는 점은 다채로운 유색 효과를 의도하였음에도 불구하고 실험과 연구에 지나치게 치중한 나머지 유약의 종류를 제한한 관계로 코발트 유색이 전시장 전체적으로 많이 풍겨 단조로움을 느끼게 하는 점이다.

연보

1945	일본 동경에서 5남매의 장녀로 태어남
1964	부산 경남여고 졸업
1968	이화여대 사범대학 교육학과 졸업
1971. 3	일본 草月조형학교 입학
1981	부산동아대학 예술대학원 미술과 졸업
	논문집: 「조선조 삽화에 나타난 공간미술에 관한 연구」
1983	중국 문화대학 예술대학원 미술과, 예술박사학위 취득
	논문집: 「조선시대 화기에 나타난 공간입체조형- 공간입체조형현대도예」
1984. 7~	일본 草月조형학교 사범 3급 취득, 草月조형학교 교수
1982	제1수필집 『그리고 만남』
1984	8인 수필집 『푸른 계절을 위한 대화』
1988	7인 수필집 『우리 한마음으로』
1984~89	부산대학, 계명대학, 상명여대 강사 역임
1988	Internation who's who is Education 1987 Thire edition 1987 Thire edition internation Biographical Center Cambridge England. 수록
1990	7인 수필집 『흔적』
1990	Five thous and personalities of the world, the American Biorgaphicalinstitute, Lnc. 수록
1990	대만 실천전과대학, 중국 중앙공예미술대학 강사 역임

1991 WHO'S WHO in international art 수록
1992 황금찬 외 7인 수필집 『모짜르트 카페』
1993 제2수필집 『화신』
1994 한국문학작품선 '시드니 항만에서' 문화예술진흥원
1996 제3수필집 『환상의 세계를 넘어서』
2000 제4수필집 『미녀와 마녀』
2009 제5수필집 『더 큰 자연을 연주하며』(도예에세이)
2010 제6수필집 『마음의 불을 지피고』(도예에세이)
2012 제7수필집 『공간에 색깔 입히기』(도예에세이)
현재 한국문인협회, 국제펜클럽 한국본부 회원
한국수필가협회 부이사장
한국여성문학회 회원
중국중화학술원 미술분과위원, 한국미술협회 회원
유럽문화원(미술분과) 이사

수 상

1978 대북시 작가상
1978 맹자 어머니 작가상
1996 동포문학상(제13회)
1997 제5회 허날설헌 문학상
2001 한국수필문학상
2009 노산문학상

작품 경력

1975. 11. 19~24 제1회 심상옥도예전(부산로타리 화랑)
1976. 11. 17~25 제2회 심상옥도예전(대만TTV방송 전시실: 문화공보부 추천)
1976. 12. 17~25 제3회 심상옥도예전(말레이지아 자유일보 전시실)
1978. 3. 9~14 제4회 심상옥도예전(중국역사박물관: 문화공보부 추천)

1978. 11. 9~14　제5회 심상옥도예전(중국사립실천전과대학 전시실: 문교부 추천)
1978. 12. 19~29　제6회 심상옥도예전(중국연합신문 전시실)
1979. 8. 10~20　제7회 심상옥도예전(부산조선비치호텔 전시실)
1980. 3. 19~24　제8회 심상옥도예전(미국텍사스주 SanAntonia Express 전시실)
1980. 12. 19~23　제9회 심상옥도예전(부산코모도호텔 전시실)
1981. 10. 17~22　제10회 심상옥도예전(부산호텔 화랑)
1981. 11. 19~29　제11회 심상옥도예전(대만판화가 화랑)
1982. 9. 19~29　제12회 심상옥도예전(한국도예연구회 전시실)
1983. 11. 1~17　제13회 심상옥도예전(서울샘터 화랑)
1984.10.9-30　제14회 심상옥도예전(파리 Lia Grambihler 화랑)
1986. 2.. 18~3. 9　제15회 심상옥도예전(파리 Lia Grambihler 화랑)
1986. 9. 4~11　제16회 심상옥도예전(서울샘터 화랑)
1994. 12. 5~30　제17회 심상옥도예전(부산여화랑)

그룹전

1983. 11. 24~30　전국우수작가도예전(한국도예연구회-부산)
1983. 12. 10~21　전국우수작가도예전(한국도예연구회-울산)
1984. 6. 4~8　제4회 부산미술제(한국미술협회전)
1985. 5. 13~17　제5회 부산미술제(한국미술협회전)
1986. 7. 1~6　일본 조일도예전(朝日陶藝展)(일본 아사이신문 화랑)
1986. 5. 30~6. 30　Figuration Critigue(제8회 파리 그랑빠레展)
1986. 12. 15~20　도예작가 10인전(부산일보사전시실)
1987. 8. 1~6　일본 조일도예전(일본 아사이신문 화랑)
1987. 9. 5~21　Figuration Critigue(제9회 파리 그랑빠레전)
1988. 2.. 9~20　Visions Coreenes전(파리 바르메이 화랑)
1988. 7. 9~14　제8회부산미술제(한국미술협회전)
1988. 9. 1~10. 2　현역작가초대전(88서울 올림픽경축)
1988. 9. 3~21　부산문화회관 개관기념(88서울올림픽경축)

1988. 9. 3~30	Figuration Critigue 1988(제10회 파리 그랑빠레展)
1989. 3. 2~3. 8	한국미술협회전(국립현대미술관)
1989. 9. 13~18	제9회 부산미술제(한국미술협회전)
1990. 4. 9~12	중국 이싱도자예술전 출품
1990. 9. 5~11	중국뇌박(中國惱博: 도자예술전 출품)
1990. 9. 24~10. 5	Figuration Critigue(제12회 파리 그랑빠레전) 레닌그라드, 모스크바 순례전
1991. 9. 3~30	Figuration Critigue(제13회 파리 그랑빠레전)
1991. 9. 24~10. 5	제25회 한국미술협회전(국립현대미술관)
1992. 3. 13~22	오늘의 한국미술전(예술의 전당미술관)
1993. 7. 23~31	'93 오늘의 한국미술전(예술의 전당미술관)
1994. 7. 21~30	'94 오늘의 한국미술전(예술의 전당미술관)
1995. 7. 22~28	'95 오늘의 한국미술전(예술의 전당미술관)
1999. 6. 12~18	제33회 한국미술협회전(예술의 전당미술관)
2004. 10. 29~11. 2	제38회 한국미술협회전(예술의 전당미술관)
2006.6. 5~14	제40회 한국미술협회전(예술의 전당미술관)
2007. 11. 15~20	제41회 한국미술협회전(예술의 전당미술관)
2008. 4. 3~8	제42회 한국미술협회전(예술의 전당미술관)
2009. 9. 24~30	제43회 한국미술협회전(예술의 전당미술관)
2010. 12~	제44회 한국미술협회전(지상전)